ソーシャル化と
放送メディア

日本民間放送連盟・研究所

【編】

学 文 社

はじめに

　2012年３月に地上波テレビのデジタル化が完了してから４年以上が経過した。デジタル化完了後の日本のテレビ，ラジオは，インターネットの世界への進出を加速させた。radiko の全国展開とエリアフリー・サービスの開始，テレビ各局によるネット配信事業の開始や充実，民放テレビのネット配信共同ポータルサイト TVer の開始など，NHK に比べネット上でのコンテンツ展開に総じて慎重と見られがちだった民放も積極的にネット展開を図り始めた。

　同時に，ソーシャル・ネットワーキング・サービス（SNS）が世界的に急速な発展を遂げ，日本でも2011年の東日本大震災などを契機として"メディア"としての役割が注目されるようになった。SNS は若者ばかりでなく幅広い年齢層において日常生活に不可欠なものとなり，ソーシャルメディアとして，マスメディア同様に大きな役割を果たすようになった。

　ソーシャルメディアの発展による社会全体のいわゆる"ソーシャル化"は，急速にインターネットとの親和性を高めようとしている放送メディアにどのような影響を与えているか，あるいは今後与えるであろうか。本書は，民放連研究所の客員研究員会に参加している８名の研究者が，各自の専門分野をベースにそれぞれの問題意識に基づき，ソーシャル化が進むなかでの放送メディアの将来を展望する研究を行い，その成果をまとめたものである。

　2014年に，本書の執筆者全員が参加し『スマート化する放送～ ICT の革新と放送の変容～』（日本民間放送連盟　研究所編，三省堂，2014年９月）が出版された。当時は，放送のスマート化と視聴・利用環境のマルチスクリーン化が強く意識されていた。すなわち，そのころの問題意識は"放送の高度化・多機能化"にあった。だが２年の間に状況は進展し，最大の関心はいまや"放送メディアのインターネット化"にある。時代は放送サービスの高度化から，放送がネットと一体化した統合的なメディアの発展へと移行しつつある。もはや，メディアとしての放送をネットとの関係抜きで語ることは，意味を持たなくなった感さえあるのだ。

i

本書は，「第1部　技術革新によるメディアのイノベーション」，「第2部　ソーシャル時代のメディア・情報とユーザー」，「第3部　ネット・ソーシャル化で変容する放送と制度」の3部で構成される。第1部には，IoT（Internet of Things）などの革新的技術による環境変化に適応した放送とIT／通信との新たな関係性に関する考察（第1章），さらに，AI（Artificial Intelligence）の導入による映像産業の変容と経営戦略の方向性の研究（第2章），という2つの成果が収められている。第2部には，2011年の東日本大震災時においてマスメディアおよびソーシャルメディアによる情報伝達がパニックを未然に防いだ効果に関する分析（第3章），および，ネット・ソーシャル時代における人びとのテレビへの信頼の構造に関する実証的分析（第4章），という2つの成果が収録されている。第3部には，放送事業者による放送内容の自主規制機関である放送倫理・番組向上機構（BPO）の存在意義とそれが抱える課題の解明（第5章），NHKのインターネット活用業務を巡る論点の整理とサービスの公共性の観点に基づくその課題の論考（第6章），ネット上に拡散された都合の悪い情報を削除することを求めるいわゆる「忘れられる権利」を巡る問題点とその対策に関する検討（第7章），さらには，放送を中心としたメディア産業においてインターネット化などの環境の変化に適応するための産業再編の実態と今後の展望および制度設計の課題に関する考察（第8章），という4つの成果が収められている。それぞれの論考は，各自の研究や調査をベースとしつつ，民放連客員研究員会での発表と活発な議論を通じて得られた知見を反映したうえで，取りまとめられている。

　ネット化・ソーシャル化という方向は，放送にとって不可避であるものの，今後の発展の道筋や将来の姿については，確たることはまだいえないのが実情だ。本書には，それを考えるための多くの示唆が含まれている。今後の放送メディアの発展を支えるための一助になれば幸いである。

　2016年5月

三友　仁志

民放連研究所客員研究員会・座長

目　　次

はじめに ……………………………………………………………………… i

執筆者一覧 …………………………………………………………………… vi

第1部　技術革新によるメディアのイノベーション

第1章　IoT 時代の放送を展望する …………………………（中村伊知哉）2

第2章　AI の台頭，技術的特異点にむけての映像産業の
　　　　技術と経営戦略 ……………………………………（内山　　隆）25
　　第1節　技術の俯瞰　25
　　第2節　技術以外の環境変化　35
　　第3節　技術がもたらす経営戦略の変化　40
　　第4節　結　語　44

第2部　ソーシャル時代のメディア・情報とユーザー

第3章　群衆のなかの行動とメディア情報の役割
　　　　―東日本大震災後の帰宅困難者はなぜパニックに陥らなかったか―
　　　　……………………（三友　仁志／ジョン・ウィリアム・チェン）50
　　第1節　はじめに　50
　　第2節　災害と人びとの行動　52
　　第3節　急激な変化とティッピング・ポイント　54
　　第4節　帰宅困難者と群衆のレジリエンス　62
　　第5節　おわりに　69

iii

第4章 「世間の人はテレビを信用しているが自分は…」

〜テレビ信用度に関する第三者効果の検証 ……………………（渡邊　久哲）73

第1節　はじめに　73

第2節　他者（＝世の中の一般の人びと）はテレビを信用していると思
うか（10段階評価）　75

第3節　あなたはテレビを信用しているか（10段階評価）　78

第4節　テレビ信用度の第三者効果　79

第5節　世の中の人びとがテレビを信用する理由　81

第6節　自分自身がテレビを信用する理由　82

第7節　テレビに対するさまざまな意識とテレビへの信用度　86

第8節　おわりに　91

第3部　ネット・ソーシャル化で変容する放送と制度

第5章　BPOの意義と課題 ………………………………………（宍戸　常寿）98

第1節　はじめに　98

第2節　BPOの概要　99

第3節　放送倫理検証委員会　102

第4節　放送と人権等権利に関する委員会　105

第5節　アンケート調査の概要　111

第6節　BPOの課題　116

第6章　日本放送協会（NHK）のインターネット活用業務について

………………………………………………………（林　　秀弥）130

第1節　はじめに　130

第2節　改正法によるインターネット活用業務の扱い　132

第3節　NHKのインターネット活用業務審査基準　137

第4節　インターネット活用業務審査・評価委員会　140

第5節　インターネット活用業務の評価のあり方：公共性と市場競争へ
の影響をめぐって　143

第6節　結　　語　150

目　次

第7章　「忘れられる権利」について放送業界が

　　　考えておかなければならないこと ……………………（奥村　信幸）157

　　第1節　なぜ今この問題を考えるのか　157
　　第2節　「忘れられる権利」の対策はどこまで進んでいるか　　159
　　第3節　テレビは「忘れられる権利」にどのように取り組んでいるの
　　　　　　か　163
　　第4節　「忘れられる権利」について，今考えておくべきこと　　169

第8章　メディア再編の動向と課題 ………………………………（春日　教測）181

　　第1節　はじめに　181
　　第2節　合併・買収と企業文化　　183
　　第3節　日本における環境変化への対応　　187
　　第4節　メディアの規律と倫理　194
　　第5節　結びにかえて　200

2015年度　民放連研究所客員研究員会の構成 …………………………………… 208

執筆者一覧

中村伊知哉 慶應義塾大学大学院メディアデザイン研究科教授 （第1章）

内 山　隆 青山学院大学総合文化政策学部教授 （第2章）

三 友 仁 志 早稲田大学大学院アジア太平洋研究科教授 （第3章）

ジョン・ウィリ 早稲田大学アジア太平洋研究センター次席研究員兼研究院助教
アム・チェン （第3章）

渡 邊 久 哲 上智大学文学部教授 （第4章）

宍 戸 常 寿 東京大学大学院法学政治学研究科教授 （第5章）

林　　秀 弥 名古屋大学大学院法学研究科教授 （第6章）

奥 村 信 幸 武蔵大学社会学部教授 （第7章）

春 日 教 測 甲南大学経済学部教授 （第8章）

※**本出版物に掲載されている客員研究員による研究報告は，客員研究員個人の
見解を示したものであり，民放連ないし民放連研究所の公式見解を示したも
のではありません。**

第1章　接ィ専ヒ機（てびはデマイクロプライベーション

第1章　IoT 時代の放送を展望する

中村伊知哉

 通信・放送融合

　この四半世紀，放送はデジタル化と通信融合との2大潮流のなかにあった。
「通信と放送の融合」という言葉が公式に用いられたのは24年前，1992年「電気通信審議会答申・情報通信高度化ビジョン」が初めてのことである。筆者は当時，郵政省でこれを担当した（写真1-1）。

　政策としてこれを推進するとも阻止するともいわず，技術的な可能性がある
という記述に留まるのだが，放送側から強い懸念が示され，記載を巡り調整は難航した。インターネットの普及はまだ先のことである。

　その後さしたる進展もなかったが，ブロードバンドが普及をみせた2005年には，ライブドアや楽天というIT系の企業が放送局を買収するとの動きを見せ，放送側は一層身構えることとなった。

　ところが世界は動いた。2006年1月の米家電展CESの場で，IT系／通信系の企業が一斉にハリウッドや放送局の映像コンテンツを世界配信するビジネスを発表した。

写真1-1　情報通信高度化ビジョン

出所）郵政省電気通信審議会編（1992）第一
　　法規出版

第1章　IoT時代の放送を展望する

これが号砲となり，米放送局も番組配信に急傾斜，IT系／通信系の企業と矢継ぎ早に連携してコンテンツ事業を展開した。欧州も英BBC，仏FTV，独ZDFなど国営・公共放送局がネット対応に力を入れた。

　これに対して日本の動きは遅かった。フジテレビがネット配信を開始し，NHKがオンデマンドサービスを始めたのは3年後の2008年末のことである。日本の放送局は経営が安定し，強固なビジネスモデルを築いていたため，それを崩そうとしなかったのは合理的であった。

　ただ，世界の動きは収まりを見せず，その後も予想を超える速さで変化を続けていった。その一つの現れが「スマートテレビ」である。

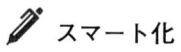 スマート化

　日本は2009年から民放各社もネット配信に本腰を入れるようになった。だが，その頃，世界は，それまでの「PC・ケータイ」「インターネット」「コンテンツ」による「デジタル化」から，「マルチスクリーン」「クラウドネットワーク」「ソーシャルサービス」からなる「スマート化」へとステージを変更しようとしていた。

　テレビ普及の後，20年の時間を経て定着したPCとケータイに加え，スマホ，タブレット，サイネージなどの新型デバイス，新型スクリーンが一斉に広がり，「マルチスクリーン」環境となった。

　地デジの整備とブロードバンド全国化という20年にわたる国家目標が達成され，放送・通信を横断する「クラウドネットワーク」列島が完成した。

　そして，20年にわたり期待されてきたコンテンツ産業を上回る速度で成長している「ソーシャルサービス」が「視聴者」を「利用者」へと前のめりにしている。

　端末，ネットワーク，サービスというメディアを構成する3要素が世界規模で一斉に塗り変わる。このような状況に対応し，テレビ側から具現化する運動として登場したのがスマートテレビである。

3

黒船来航

まず2010年ごろ，米国でグーグルやアップルがスマートテレビなる商品やサービスの概念を打ち出した。テレビ端末によるネットサービスである。通信やITの世界から立ち上った波が放送メディアを巻き込む形となった。

これに対し米放送側も，地上波放送局がhulu等の映像サービスを仕掛ける一方，タイムワーナーやコムキャスト，ディレクTVなどケーブルや衛星放送局も力を入れることとなった。AT＆TやVerizonなどの通信系もIPTVでアピールした。メーカーでは，サムソンやLGがスマートTVと銘打ち，ネット対応テレビ端末の販売に注力した。

こうした海外の動きに日本も反応，2011年には日本民間放送連盟研究所「民放のネット・デジタル関連ビジネス研究プロジェクト」が立ち上がった。筆者はその座長として，キー局・ローカル局を含むテレビ・ラジオ局のかたがたと議論を重ねてきた。

その間，筆者は民放にとってネットやデジタルが悪魔の囁きなのか福音なのか，それを見定めようとしてきた。そして結論からいえば，見えてきたものは，そのどちらでもない，とにもかくにも現実であって，もはやその海のただなかに漕ぎだしているということだ。そして，春の陽光とは呼べずとも，ほの明るい輝きが差し込んでいるという光景である。

当初は米IT企業という黒船にどう立ち向かうかという，ある種の悲壮感が漂っていた。だがその後，米国と日本はテレビを巡るサービスも産業構造も異なり，日本には独自のアプローチがあるという認識が広がった。NHKも民放もさまざまなサービスを提供し始めた。

そしてこの2年ほどは最早アメリカの話題は減り，日本でのスマートテレビを放送局がいかにビジネスにするかという論議に集中している。まだビジネスは成立していないが，放送局がトライアルを通じて，展望をつかみつつあるように見える。

このところ米IT企業によるスマートテレビの話は落ち着きを見せ，huluの日本事業は日本テレビが買収した。Netflix上陸に対しても，手を組む放送局

第 1 章　IoT 時代の放送を展望する

が見られるなど，戦略にも柔軟で多様な姿が見られる。

✎ 日本のスマートテレビ

日本の動きを概観してみよう。

NHK は HTML5を採用した「ハイブリッドキャスト」を開発し，テレビと
タブレット端末などテレビ番組とのヒモつき情報を連動させるサービスを開発
している。2013年にサービスを開始し，民放でも採用する局が現れている。

在阪テレビ 5 局を中心としてスタートした「マルチスクリーン型放送研究会」
がスマホなどセカンド端末での放送連動サービスを開発しており，民放が連携
してスマートテレビのモデルを開発する取組みとして注目されている。2015年
10月時点で63の放送局が参加している。

NHK のハイブリッドキャストが放送の電波と通信回線をテレビとタブレッ
トに使い分けているのに対し，マルチスクリーン型放送研究会が示すシステム
は IPDC（IP データキャスト）という方式だ。

IPDC は地デジの放送電波に IP（インターネットプロトコル）という通信方式
を重畳し，放送の電波 1 本でテレビもタブレットやスマホなどのダブルスクリ
ーンもカバーする仕組み。放送局が全てをコントロールする方式である。

これを使えば，放送の電波で新聞・書籍はじめさまざまなコンテンツを通信
サービスのように伝送することができる。筆者が代表を務める「IPDC フォー
ラム」が主導している（図1-1）。

民放各社も活発である。日本テ
レビ「JoinTV」，フジテレビ「メ
ディアトリガー」など，各局がス
マホやソーシャルメディアと連動
した独自のサービスを開発してい
る。

TFM グループは2016年 3 月，
「V-Low マルチメディア放送」を

図1-1　IPDC によるコンテンツ配信イメージ

5

開始する。地デジが整備されてテレビ局が引っ越したアナログ周波数の跡地の
うち，1-3チャンネルで使っていた VHF の低い（Low）帯域を使って新しい放
送サービスを展開するものだ。

　マルチメディア放送は，スマホ，タブレット，カーナビ，デジタルサイネー
ジなどマルチスクリーンを主軸にしたサービスで，IPDC 方式を採用する。テ
レビやラジオというより，ネットである。放送チャンネルというより，アプリ
なのだ。

✎ 通信の攻勢

　一方，スマートテレビのプレイヤーは放送局だけではない。通信会社も熱心
である。ケータイ3社ともにスマートテレビ対応を進めている。NTT ドコモ
「SmartTVdstick」，KDDI「Smart TV Stick」，ソフトバンクモバイル「SoftBank
Smart TV」。Wi-Fi 経由で小型セットトップボックス機能を持つスティック型
端末に送信してテレビ画面で表示する。

　NTT ドコモ「SmartTVdstick」は，500万人の会員を持つケータイ向け配信
サービス「d ビデオ」をテレビでも見られるようにする。KDDI はケーブルテ
レビ事業も手がけており，ケーブル向けスマート TV のサービスも提供してい
る。ソフトバンクモバイルのサービスは GyaO!，UULA，BBTV NEXT，
TSUTAYA TV を楽しめる。

　なお，アナログ跡地の V-High 周波数帯を使ったスマホ向けサービス「NOT-
TV」は，NTT ドコモとフジテレビ等による通信・放送の合弁事業として期待
されていたが，2016年6月にサービス終了することを発表した。全てが順調と
いうわけではない。

　有線の映像ビジネス分野では，NTT ぷららの「ひかり TV」のように存在
感を示すものがある。既に約600本の4K ビデオを提供しており，4K・8K の超
高精細サービスは放送メディアよりもブロードバンドが先行する可能性を示し
ている。

　こうした通信による映像ビジネスは拡大基調にある。有料動画配信サービス

第1章　IoT時代の放送を展望する

の利用者数は2015年末で960万人に達し，2018年には1,500万人へ拡大するという予測も見られる。ニールセン社の発表によれば，テレビ局系のビデオ・オンデマンドをスマホで利用する人は500万人を超えたという。

　2015年12月にはLINEが生放送の配信サービスを開始，2016年1月にはサイバーエージェントも生放送の配信サービスを開始している。米Netflixが2015年9月に日本でもストリーミングサービスを開始したが，日本のネット企業も本格的にアクセルを踏んでいる。

　フジテレビはNetflixに協力する姿勢を示しており，放送コンテンツと通信プラットフォームとの連携が見られる一方，日本テレビがhuluという通信プラットフォームを運営しており，日米をまたがって通信と放送を交差する多様な戦略が見られるようになった。

✏ スマートテレビという呪文

　スマートテレビは，放送・通信を連携・融合する新ジャンルとして，あるいは地デジ後の有望なビジネスとして注目を集めている。しかし，そのイメージは未だ不明確で多様なままだ。

　大画面テレビでネット情報を見ることが可能なサービスと捉える場合もあれば，それを可能にする受像器やセットトップボックスなどのハードウェアを指すときもある。ビデオ・オンデマンドを通信経由でテレビ端末で見られるようにするという事例で語られることもある。

　タブレット端末で番組を見られるようにする，テレビ画面とスマホでのソーシャルサービスとを連動させるなど，イメージは多様である。そのように混沌とした，新しい端末＋ネット環境＋ソーシャルサービスの最小公倍数を，ひとまず「スマート」というくくりで呼んでいるということだ。

　スマートテレビは，80年代のニューメディア，90年代のマルチメディアにも似た一種のかけ声である。その分野の成長を期待して祈る産業界の呪文，ないしは，激しい競争が始まる号砲，と言い換えてもよい。

　ただし，共通項が存在する。マルチスクリーン，クラウドネットワーク，ソ

7

ーシャルサービスの３点である。

　１点目は，スマートフォンやタブレット端末などのさまざまなデバイスと連携すること。「２画面方式」「マルチスクリーン」などと呼ばれているものだ。番組に関連する情報をツイッターなどで書き込む時にも，これらのデバイスが有効に機能する。

　２点目は，ブロードバンドのインターネット経由で映像コンテンツを視聴できること。「インターネットテレビ」と呼ばれるものも該当する。タブレットやスマホにアプリで展開するものも含む。IPDC のように放送の電波に IP という通信方式を組み込むものも含めてよかろう。

　３点目は，ソーシャルメディアとの連携機能が備わっていることである。現状でも，番組を見ながらツイッターやニコニコ動画などに書き込むサービスがあり，注目度が高い分野となっている。

テレビの変化

　「テレビ」の捉え方が大きく変化する。これまでの「テレビ」は，放送番組を受信する装置として考えられてきたが，現状でも，外付けチューナーや，放送番組のインターネット配信，録画機能，番組転送機能などの拡充により，PC やタブレットなどで幅広く番組を視聴できる機会が増えている。１つのデバイスだけでなく，トータルの視聴環境として，テレビをとらえる必要があろう。

　スマート化の時代には，デバイスの本質的な違いは大きさの違いでしかなく，さまざまな機器を組み合わせて利用することになる。スマート化とは，ある意味で，機器本来の機能性，つまり「らしさ」を失わせるものなのかもしれない。則ちデバイスのスマート化とは，例えば電話もテレビもパソコンも境目がなくなるということである。

　これまでテレビは，１）テレビ専用端末と，２）地上波やケーブルといったテレビ向け伝送路と，３）テレビ番組で構成されていた。これからは，１）放送にも通信にも使える大型受像器，中型端末（タブレット），小型端末（スマホ）

第1章　IoT時代の放送を展望する

などのマルチスクリーンと，2）地上波，ケーブル，そして有線ブロードバンド，ケータイ用電波，Wi-Fi などマルチなネットワークと，3）テレビ番組やネット上のコンテンツやソーシャルサービス上の情報などがみな組み合わさった複合的なメディア利用環境のことを指すようになる。

✏ テレビ→IT

スマートテレビがクローズアップされて5年。グーグル TV やアップル TV などの動きは，「IT からテレビへ」の接近だった。米 IT 企業がテレビ受像機をネットに取り込む。だから放送業界は身構えた。

その後，セカンドスクリーンという日本型のスマートテレビの姿が注目された。これは「IT とテレビ」の両立作戦である。テレビ受像機と IT ＝スマホというダブルスクリーンでのサービスが期待された。

そして既に次の段階に移行した。マルチスクリーンは，テレビ，PC，モバイルの垣根をなくす。テレビが第一スクリーンでモバイルが第二，といった序列は崩れ，モバイル＝スマホが第一スクリーンの位置を占めつつある。そしてサービスは急速にボーダレス化している。それは「端末フリー」を促す。どの国のどの種類の端末でも簡単に使えるサービスが生き残る。

それは，どんなスマホでも世界のテレビが見られることを求める。テレビ局からみれば，テレビが Wi-Fi で全てのスマホに流れることが促される。2020年の東京五輪では，世界中の人が自分のスマホで Wi-Fi で日本のテレビを観る環境になっているのではないか。

デジタル放送を，放送波だけでなく Wi-Fi でもマルチスクリーンで見られるようになる。それは放送の受信機がないスマホやタブレットでも，そしてネットでつながった世界どのエリアでも視聴できるようになることを意味する。

これは「テレビから IT へ」の動きによって実現する。テレビ局が IT をいかに使いこなすかがカギを握る。放送界にとってはチャンス到来ではないか。

脱スマート

スマートテレビへの対応が本格化した日本。ところが2015年，デジタルの分野はまたしても新たなステージへと移行した。スマートの次の世界，「脱スマート」とでも呼ぶべき段階である。

それは1）「ウェアラブルコンピューティング」，2）「IoT（Internet of Things）-ユビキタスネットワーク」，3）「インテリジェント-人工知能AI」に代表される環境，いわば「IoT時代」とでも総称すべき状況である。ウェアラブルにしろ，IoT-ユビキタスにしろ，AIにしろ，技術的には15年ほど前に開発ブームを迎えていたものであり，それらがスマート化の進む間に高度化・低廉化を遂げ，実用化・普及段階に入った。

ウェアラブル，IoT，AI。日本語を当てるとすれば，1）「いつも」，2）「なんでも」，3）「かしこい」とすればよいだろうか。IT系のさまざまな商品やサービスが出現しており，ネットが出現した頃のような熱気が関連業界から伝わってくる。

これら機能は放送とどのような関わりを持つことになるだろうか。まだ実像が定まらない空想の領域であるが，通信・放送の融合がそうであったように，5年，10年もたてば，あいまいな流行り言葉が事業の根幹を揺るがす大波になっているかもしれない。その行方を展望しておく時期であろう。

それぞれどのような意味を持つだろうか。1）ウェアラブルはインタフェースの進化であり，2）IoTは受信機の多様化，3）AIは放送の自律化をもたらすものだといえよう。そしていずれも，ダウンロードとアップロード，すなわち放送の受信と，視聴者から局への送信との両面に関わるものとなる。

ウェアラブル

昨今，CEATEC等のデジタル展示会は，めがね型ディスプレイが満載である。グーグル・グラスはビジネスとしては芳しくないと聞くが，多くのメーカーから各種の提案が見られる。

例えばエプソンの"MOVERIO"は，宅内のWi-Fi環境と接続して，録画し

第1章　IoT時代の放送を展望する

てある番組やBlu-rayソフトを寝ながら大画面で視聴するスタイルを提示する。「スマホ連携」とリモート視聴アプリで，放送中のテレビ番組やレコーダー内に録画した番組を，外出先から大画面でリアルタイム視聴することも提案している。電車内で，窓の方を見て視聴すればある程度の画面サイズを確保できるという。

　ウェアラブルはケータイやスマホなどのモバイルの進化版ととらえられる場面が多いが，両者は思想的に異なる。モバイルは「いつでも」どこでもを目指すものだ。固定電話や宅内のテレビに比して，好きな時にコミュニケーションができるようにする技術である。それはオン・オフをユーザが自由なタイミングで設定するものである。

　これに対しウェアラブルは，「いつも」オンであることを求めるシステムである。24時間ずっとオンライン状態で，常時「ながら」であることを想定する。サービスのありようも従来のメディアとは異なり得る。いつもずっと見ているサービスは，設計されるだろうか。

　問題もはらむ。自動車運転中のウェアラブル使用は危ないからと，米国8つの州でグーグル・グラス規制法案が提出された。ただ，これを取り締まるエンフォースメントが困難とのことで，まだ通過はしていないという。確かに，オン・オフ状態は外見上わかりにくい。いや，グーグルが提案しているコンタクトレンズ型のウェアラブル機器になると，装着しているかどうかさえわからなくなる。人知れずテレビを見ている，ということも日常化するのだろうか（図1-2）。

　ウェアラブルの主力は，メガネより時計なのかもしれない。メガネはダウンロード＝受信用だが，時計は視聴覚データの受信だけではなく，時計が身体データを計測する機能を持つ。動作情報，触覚情報，脈拍，

図1-2　運転中のウェアラブル使用イメージ

発汗など視聴覚以外の身体データを取り込み，発信することができる。つまりアップロード＝送信としてのウェアラブルである。

「モフバンド」という玩具は，加速度センサー，ジャイロセンサー，ブルートゥース接続部品で構成されている。これを動せば，スマホに動作情報が伝わる。こうしたデバイスを放送に活用することも考えられる。

北海道テレビは，CEATEC でハイブリッドキャストのトライアルを展示した。視聴者が手首の時計で脈拍を計測して，データを画面に表示する。番組の女子アナの脈拍も表示されて，二人の脈拍がシンクロされる。番組をみているドキドキ感と，女子アナのドキドキ感とを共有するというのだ。海外では見られない，実に日本的なユルいウェアラブル・テレビである。

IoT-ユビキタス

IoT＝Internet of Things。モノのインターネット。モノとモノ，マシンとマシンが交信する M2M を含む概念である。90年代に XEROX のマーク・ワイザー氏がユビキタス・コンピューティングとして唱導したコンピュータの解体と環境への融合とがいよいよ現実味を帯びてきた。

全ての家電がつながってコミュニケーションする。冷蔵庫，エアコン，掃除機，全てがつながることで，テレビの位置づけも変わる。クルマも変化する。クルマがスマホになる。自動車メーカー各社が IT に本腰を入れている。まずはカーナビへの情報提供から，そして操縦のコントロールに広がる。

前述の V-Low マルチメディア放送は，放送の電波でテレビ以外のメディアに通信的なサービスを提供する計画だ。車載端末向けの専用情報サービスも企画している。遠くない未来に自動走行が実現するとされているが，クルマの走行を管理するた

図1-3　IoT／ロボット向け放送のイメージ

第1章　IoT時代の放送を展望する

めのベーシックな情報やデータは，放送として，クルマというモノに発信することになるのではなかろうか。

　ロボットが放送の電波を受けて，踊ったり芝居をしたりする番組も考えられる。かつて筆者が所属したMITでは，2000年ごろ，電波でレゴのロボットを動かす実験をしていた。技術的には簡単。町を行く大勢のロボットたちに放送で指令を発する「IoT放送」もできよう（図1-3）。

　3Dプリンターが家庭にも普及することが予想されている。データをダウンロードすれば，モノが家庭で印刷できる。ということは，放送番組としてモノを伝送できる，ということにもなる。3Dプリンターで拳銃を製造したとして，武器等製造法と銃刀法の罪に問われた男が有罪になる事件があった。「拳銃放送」は物騒であるが，日用品や衣服の類なら，「モノ放送」もできそうだ。

　アップロードも考えてみよう。御嶽山の噴火も，阿蘇山の噴火も，登山客が撮った映像やtwitterに載っていた写真がニュース番組で活躍した。筆者は2000年，ケータイとビデオカメラで「1億人の歩くテレビ局」ができるというシャープのテレビCMを企画したことがある。それはとうに実現していた。

　もはや人がモバイルで撮るものだけではない。街中に埋め込まれたカメラがコンテンツを作る。事件が起きた時，防犯カメラの映像が役に立つ。先ごろの警察官による殺人事件は，インターフォンに映っていた映像が決め手になった。いつもデジタルで監視されていることは，かつては不安材料であったのだが，今は安

図1-4　監視社会の安心・安全のイメージ

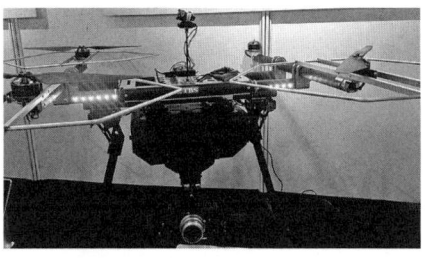

写真1-2　TBSの4Kドローン

心・安全のもとにもなっている（図1-4）。

　あちこちに埋め込まれたカメラやセンサーがアップする情報，ビッグデータが映像のコンテンツ，映像サービスのデータ，番組の素材として流入してくる。世界のセンサーの4分の1は日本に埋め込まれているという。IoTは放送の素材を大量に集める機能を発揮するだろう。

　期待がかかるのがドローンである。2014年のデジタル展示会Interopの場で，TBSが4Kドローンを展示していた。空中からドローンで4K撮影しアップロードする時代を高らかに示していた（写真1-2）。

　ところがその後，ドローンは事件も起こし，肩身が狭くなった。2015年4月には首相官邸に落下する事件が起き，同じ頃，東京MXテレビがイギリス大使館にドローンを墜落させるという騒ぎもあった。政府はたちどころにドローン規制を敷いた。

　2015年6月のInteropでは，TBSはドローンではなく，スマホ中継セットを展示していた。IoTからモバイルに戻ったわけであるが，関係者は「ドローンは時節柄，手控えた」とのこと。いや，もったいない。IoTを積極活用する道を探りたい。

　ドローンの小型・軽量化，低廉化は進み，気軽に使えるようになる。2015年東京おもちゃショーの大賞を受賞したのは超小型カメラ付きドローン「ナノファルコンデジカム」。おもちゃのように誰もが高精細映像を空中から発信する。それも遠くあるまい。

インテリジェント-AI

　AIは単純な制御プログラムのレベルを脱し，ビッグデータの機械学習とディープラーニングの大波によって，3回めのブームを迎えているという。そして，これは本物だという。

　米国金融市場ではヘッジファンド等に金融工学を駆使したAIロボットが導入され，取引全体の7割をボットが行っているという。デロイト社は，英国の仕事の35％が今後20年でロボットに置き換えられる可能性を指摘し，オックス

第1章　IoT 時代の放送を展望する

フォード大は今後20年位内に米国の職業の半分が失われる可能性を指摘している。

バーチャル・エージェントが AI で賢くなり，全て自分の行動を代行してくれるようになる。自分より賢い自分の代理人がネットで活躍する。私が見るべき，知るべき情報をエージェントが全部選抜してくれる。

エリック・ブリニョルフソン，アンドリュー・マカフィー著『機械との競争』によれば，自動車の運転も翻訳もコンピュータがカバーする。ホワイトカラーの仕事は機械に肩代わりされ，人間が勝るのは音楽，ソフトウェア，スポーツといったクリエイティブな仕事と，肉体労働とに集約されるという。AP 通信は企業の決算報告記事を書かせる AI を2014年に導入したという。「医療，法務，会計・税務というのは，最も AI が入ってきやすい領域」と記す（図1-5）。

クリストファー・スタイナー著『アルゴリズムが世界を支配する』は，アルゴリズム「アニー」の作り出した楽曲がクラシック音楽の教授の作品を凌駕し，バッハの曲なみに評価された事例を示す。もはや高度な芸術作品，創造性の世界のものも，コンピュータが自分で生み出す。

松尾豊著『人工知能は人間を超えるか』も，「音楽や絵画といった芸術の世界にも AI の進出は及ぶかもしれない。」という。映画やテレビ番組などのコンテンツ制作でもこの手法が主流になることも考えられる。

政府・知的財産推進計画2015は，「人工知能技術の発展により，人間に替わって機械が著作物を生み出す場合も生じつつあるなど，帰属が曖昧な著作物がインターネット上を漂う時代，また，3D プリンティングの発展により，情報とモノの区別が曖昧になる時代も近づいている。…今後検討を進めていくことが必要である。」と記述している。今回の政府計画で最も重要な部分だと考える。

図1-5　AI／ロボットによる失業のイメージ

これに基づき2015年11月，政府は「次世代知財システム検討委員会」を設置，「人工知能による創作物や，物を完全に再現できる3Dデータなど，従来存在しなかった情報が生まれてくる」ことを想定した政策の検討に入った。

放送の番組制作，送信，受信に大きな影響を及ぼしかねないこうした技術進歩の影響を，放送界は検討しているだろうか。

デジタル特区「CiP」

スマートからIoTへと急激なステージ変更に際し，放送界がすべきことは何か。それは来るべき世界を展望し，技術やサービスを開発し，トライアルを重ねることであろう。スマートテレビへの手は打ってきた。その次の手はどう打つ。ここで必要なのは，そのようなトライアルを実行できる場や機会を用意することではないか。

そこで，いま筆者が推進しているデジタル特区の場づくりをモデルとして紹介しよう。

東京港区のベイエリア，竹芝地区にデジタル・コンテンツの街を創る構想，CiP（Contents Innovation Program）が本格稼働する。東京都の土地を活用する東急不動産・鹿島建設の事業で，慶應義塾大学が企画運営に参加する（図1-6）。

このため，2015年4月，推進母体となる一般社団法人「CiP協議会」を設立した。研究開発，人材育成，起業支援，ビジネスマッチングを推進，東京オリンピック・パラリンピック直前の2019年度に街開きする計画である。

2016年2月時点でCiP協議会には，放送業界をはじめ以下のような企業・団体が参加している。

エフエム東京，テレビ朝日，TBS，フジ・メディア・ホールディングス，スペースシャワーネットワーク，ウォルト・ディズニー・ジャパン，NTTドコモ，KDDI，グリー，DeNA，吉本興業，大

図1-6

第1章　IoT 時代の放送を展望する

川ドリーム基金，オクタゴン，慶應義塾大学，中央情報学園，日本音楽制作者連盟，日本動画協会，フェイス，フォーカスシステムズ，マーザ・アニメーションプラネット，エルテス，オプト，共同通信社，住友商事，東芝，日本電気，博報堂 DY メディアパートナーズ，ヒップランドミュージックコーポレーション，ビルボードジャパン，文化放送キャリアパートナーズ，IPDC フォーラム。

　この特区は，以下のような考え方に基づいて構築される。

✎ 創造力とデジタル

　富国強兵に踏み出して以降150年余，敗戦で強兵の看板を下ろした日本は，産業の発展という富国政策に邁進した。それはアジアの奇跡と称される成功を収め，1990年代初頭には，日本の国際競争力は世界一とされていた。

　しかし，その10年後には20位に急落，その後15年間，トンネルを抜け出していない。富国の看板も色あせた。だが，富国強兵後の日本もまた面目を保っている。文化大国としての輝きである。

　日本の流行文化＝ポップカルチャーは世界中で高い人気を誇り，デジタルメディアを通じて海外に発信するコンテンツは日本の創造力を証明している。それは伝統文化や古典芸能とも地続きのものであり，戦後70年の平和主義や，3.11の震災時に日本社会が示した礼儀・秩序ともあいまって，トータルとして国際政治論にいう「ソフトパワー」を発揮している。

　無論，産業界が培ってきた技術力，ものづくり力が失せたわけではなく，それらハード面の力と，コンテンツなどのソフト面の力との総合力が今の日本の資源である。

　50年前の東京オリンピックで，日本は復興と成長の姿を見せた。次に来るオリンピック・パラリンピックで，東京は，日本は，どのような姿を表そうとするのか。

　デジタルは次の姿を示す柱となる。人類に残されたフロンティア領域としては，宇宙・海洋，バイオ，ナノ，そしてバーチャル空間が挙げられる。なかでもバーチャルを構成するデジタル分野，すなわち IT ＝情報技術とコンテンツ

17

＝表現は，今後も成長・発展余地が大きく，かつ，日本はその技術・表現の面では力を証明済みである。

政府は10年来，コンテンツ立国及びクールジャパンを標榜し，コンテンツ産業の成長に期待してきた。マンガ，アニメ，ゲームなど海外でのポップカルチャー人気は定着した。だが，産業としては十分な成果を上げていない。この数年，コンテンツ市場は停滞しており，産業に占める海外売上比率は米国に比べ大きく劣る。

デジタル・コンテンツ分野に資源を集中投下し，海外展開に力を入れるべきである。だからといって，目指すはハリウッドやシリコンバレーではない。ハリウッドやシリコンバレーの強みは，超一流のアーティスト，ギーク，そしてビジネスエリートの集積だ。これに対し，日本の強みは，高度な技術力・表現力に加え，正確で勤勉な大勢の職人の存在，さらに，コミケ，ニコ動，カラオケ，コスプレ，ゆるキャラ，Ｂ級グルメなど，みんなが参加して生産し，消費される猥雑で混沌とした産業文化力である。これを活かし，増殖炉とする。

4 機能のハブ

CiPの機能は4つ。研究開発，人材育成，起業支援，ビジネスマッチングである。技術を生み出し，人を育てて，それを産業として押し出し，世界にビジネスを広げる。そこから生まれたテーマを研究する。そのサイクルを描きたい（図1-7）。

開発から育成，産業化までを一気通貫で行う。この一気通貫で日本で成功したモデルの存在には不案内であるが，だから挑戦する。デジタル分野で研究開発から大きな産業に育ったものはある。軍事技術の研究から発生したインターネットがネットビジネスを生んだ。70年代にMITが開発したゲーム技術が日本のゲーム産業を生んだ。

米国は大学が存在感を発揮している。スタンフォード大学はSUNマイクロシステムズを生み，ヤフー！を生み，グーグルを生んだ。ハーバード大学の学生がマイクロソフトとフェイスブックを生んだ。MITからはeインクや$100

第1章　IoT 時代の放送を展望する

パソコンが飛び出した。日本も，学に発動させたい。

例はある。1960年，東海大学の開局した FM 局がその後の FM 東京になった。2008年，大阪大学と慶應義塾大学が産学連携で推進した実験プロジェクトがネットラジオの radiko となった。こういう事案を数多く生み出したい。

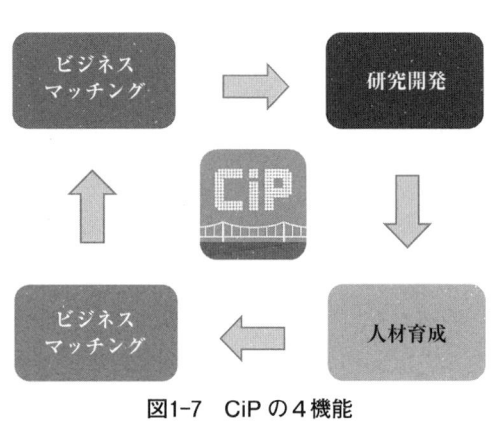

図1-7　CiP の４機能

　研究開発，人材育成，起業支援，ビジネスマッチングの一気通貫サイクル。とはいえ CiP が目指すものは，秩序だったクリーンな場ではない。イメージを描いてみるならば，デジタルのおもちゃ箱のような「MIT メディアラボ」と，NPO「CANVAS」による子どもの創作プロジェクト「ワークショップコレクション」と，西海岸の起業コミュニティ「500 startups」と，あらゆる分野の人間が交わるカオスな場である「ニコニコ超会議」。そうした機能をコンパクトに一箇所に集めて，365日動かす。集約と融合による化学反応を期待する。そのような学校，工場，そして広場を作りたい。

　CiP は，初音ミクになりたい。初音ミクは３つの要素から成り立っている。まず，ボーカロイドという技術。作詞作曲すれば専属歌手になってくれるというテクノロジー。第２にコンテンツ。16歳，158cm 42kgのキャラクターのデザイン。そして第３は，コミュニティ。ニコニコ動画にみんなが参加して育てあげた。作詞作曲してみた。歌ってみた。演奏してみた。踊ってみた。みんなが自分の能力を持ち寄り，育てた。技術，デザイン，そして参加型コミュニティの総合力が日本の強み。これを活かしたい。

 研究開発と人材育成

　研究開発は，CiP 協議会の理事・会員の提案に基づいてテーマを設定する。

19

ただ，協議会設立前の時点において，既に10件程度のアイディアが寄せられている。

例えば「超人スポーツ」。ウェアラブルやロボティクスなどの技術を駆使した新しいスポーツを開発する。誰もが超人になれる環境を整備する。CiP協議会と同時期に形成される「超人スポーツ協会」と連携する企画だ（図1-8）。

「次世代デジタルサイネージ」。2020年に向けて，4K8K・多言語で，防災対応のサイネージシステムを開発して整備する。本件は総務省にて研究会が開催され，東京都も熱心な案件だ。竹芝をサイネージ特区にして，ショーケースにする案もある。

「アーティストコモンズ」と「音楽アーカイブ」。アーティストコモンズは，アーティストにIDを付番し，コンテンツやグッズ等が流通・管理しやすいようにする音楽業界によるプロジェクト。そのためのシステムと，データベースを開発・構築し，実証実験を行う。これに連動する音楽と映像のアーカイブを，著作権特区として竹芝に置く案もある。

「IT政策研究」。国際的なIT政策の重要アジェンダを整理し，研究するプロジェクト。本件は既に慶應義塾大学とスタンフォード大学との間で共同研究が進められ，日米の関連企業や政府・国際機関も参加している。これをCiP協議会が受け皿となって引き継ぐ。スタンフォード大学主催の「シリコンバレーモデル研究」の日本側受け皿となる案もある。

図1-8 超人スポーツ

人材育成，教育面でも，慶應義塾大学をはじめとする大学・大学院に加え，専門学校等と連携して，プロのクリエイターやプロデューサーの育成を図る。

人材育成プロジェクトの第一弾として有望なのは，文部科学省「マンガ・アニメ人材育成事業」。各種学校，関係企業がデジタル人

材育成の方策を練っており，カリキュラムの開発を進めている。CiP はその活動及び実証の場として機能したい。こうした活動を，音楽，ゲームその他のコンテンツ領域にも広げていきたい。

CiP の行う人材育成は高等教育だけではない。子どもの表現力・創造力の高さが日本ポップカルチャーを下支えしている。その力をデジタル技術で高めることは日本にとって重要な戦略となる。

NPO「CANVAS」は子どもの表現力・創造力を高める活動を推進しており，最近はプログラミング教育の全国展開を進めている。また，学校教育のデジタル化を進める「デジタル教科書教材協議会」（DiTT）は未来の教室の設計を手がけようとしている。CiP はこれらと連動して，初等教育からコンテンツ人材を育成する手法を構築していきたい。

✎ ビジネス拠点と政府連携

起業支援及びビジネスマッチングも柱となる。CiP は業界横断のコミュニティであるから，情報交換や連携活動を通じたビジネスの生成が本来期待されるアウトプットだ。まずはそのコミュニティ機能を活発にする。その上で，起業支援に関して CiP プログラムを形成し，資金の出し手と起業家とのマッチングを行う。

既に，クールジャパン機構，産業革新機構はじめ政府系の資金セクターのほか，金融機関や民間ファンドとの意見交換を始めている。さらにコンテンツや IT 分野への投資に積極的な事業会社やエンジェルとも検討を進めている。CiP としてファンドを組成することもあり得る。

ビジネスマッチングでも，サロンやイベントなどでの交流だけでなく，具体的なプログラムを形成する。例えば現在，日本動画協会が中心となって，アニメ業界と他の業界とのマッチング策を進めている。こうした活動を CiP とも連動して広げたい。

これら活動は政府・自治体とも連携を図る。現在，首相官邸，内閣官房知財本部，東京五輪推進本部，総務省，経産省，東京都，京都府等と連携策につい

て協議している。竹芝地区は既に内閣総理大臣から国家戦略特区として認定を受けており、政府に知恵とアイディアを寄せて、これまで日本では実行不可能であったプロジェクトを遂行したい。

特区のアイディアとしては、例えば電波特区として、通信・放送融合実験ができないか。サイネージ特区として、屋外表示規制を解除し、区域一面の大規模な映像表現ができないか。ドローン特区での大規模ドローンレース、ロボット特区での自動運行、超人スポーツ特区でのサイボーグ対戦。全て実施してみたい。

なお、韓国は政府が「コンテンツ・コリア・ラボ」を設立し、コンテンツの人材育成から起業支援までを国費で実施している。一方、CiPは産学連携の構想であり、現時点では資金面で政府の支援は受けていないが、プロジェクトベースで財政措置を講じる。

CiPは、これら全てを行うための場である。1.5haの都有地に39階の業務棟を建設し、ラボや教室、ホール、スタジオといった8,000㎡の共同施設を設ける計画だ。このうち800㎡はCiP協議会が利用するコミュニティゾーンも用意する。これとは別に、現在もあるイベントスペース「産業貿易センター」も存続する。その上にオフィスが置かれる。

街開き後は、内外のプレイヤーを集結し、研究開発機構も整え、国際的な拠点として注目を集める場としたい。

CiPの2プロジェクト

2016年2月、CiP協議会は放送に関する2件のプロジェクトを採択し、発表した。最後にそれを付記しておく。

1）i-dio（V-Low マルチメディア放送）でCiPが「放送局（実験試験局）」開設

エフエム東京などが推進・実施するi-dio（V-Low マルチメディア放送）において、未利用保留中の周波数帯を活用して、CiP協議会が実験試験局を開設し、IoT放送などの実証実験を行います。

第1章　IoT時代の放送を展望する

　i-dioは，V-Lowの周波数帯（99MHz～108MHz）を利用し，既存のテレビで
もラジオでもない全く新しい"第3の放送制度"に基づき創設される放送サー
ビスです。ハード・ソフト分離モデルをとり，「ハード事業者」である㈱VIP
がインフラ整備を担当し，その放送設備を借り受け，東京マルチメディア放送
㈱など6社の「ソフト事業者」が帯域管理などの基幹放送業務を行います。
2016年3月にサービス開始を予定しています。

　CiP協議会は，このi-dioでの実験試験局を開設し，IoT放送のような通信・
放送融合型サービスなど，従前の放送サービスでは提供できなかった社会的ニ
ーズの検証を行っていきます（写真1-3）。

2）IPDCフォーラム　スマートデバイス向け放送を評価検証

　放送と通信の融合を目指すIPDCフォーラムでは，CiP協議会と連携し，
WiFiやLTEなどを活用して，スマートデバイスに向けた放送の評価検証を進
めていきます。

　モバイルファーストな時代の到来に備え，WiFiやLTEなどの通信技術を積
極的に活用した新しい放送の具現化が喫緊の課題となっています。放送と通信
の融合を目指すIPDCフォーラムでは，スマートフォンやタブレット向けに，
経路に依存しないシームレ
スな放送サービスを実現す
るための手法の確立に向け
た検討に着手していますが，
今年度より多くのみなさま
の協力を得て，国家戦略特
区での評価検証を進めて参
ります。

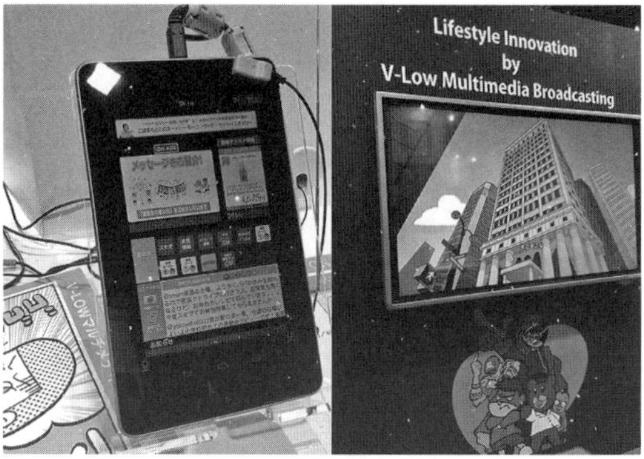

　スマート化からIoTへ。

写真1-3　V-Lowマルチメディア放送

放送は，新たなステージを迎える。24年前の通信・放送融合，そしてこの5年のスマートテレビに対する放送界の取組みは，先手を打って，成功したとは言いがたい。これからの新ステージに対しては，先んじて戦略を立てておきたい。そしてその機運は，高まっている。ここ数年の対応が，未来を左右することになるだろう。

第2章 AIの台頭，技術的特異点にむけ ての映像産業の技術と経営戦略

内山　隆

　19世紀末にエジソンとリュミエール兄弟によって映画の発明がなされてから，映像は100年を超える歴史を積み重ねてきている。100年も経てば，古典的，伝統的に語られる技術や各種側面も増えてきている一方で，コンピュータやインターネットに基づく新しい映像技術も登場している。技術的特異点問題において AI とロボットによる各種の仕事の代替の懸念があるが，Frey & Osborne (2013)[1] や野村総合研究所（2015）[2] では，映像に関係する各職種は比較的生存確率が高いと見積もられている。本稿はそれを定性的に考えたい。

　技術は経営戦略に大きな変化を与える一要素であるという仮説に基づき，インターネット技術や技術的特異点問題が映像産業の経営に与える影響を，2025年および2045年あたりの2時点を意識しながら考えてみたい。

第1節　技術の俯瞰

　例えば経済産業省（2015）[3] などが示すように，映像周辺技術には今後の大きな広がりと要素技術の細分化の進展が考えられ，近い将来，映像というものに全く異なる定義が置かれるかもしれない。そもそも従来からの"映像"の概念で暗黙の前提になっていることをあげるならば，

　　・4：3，16：9，シネスコ・サイズといったフレームがあり，

　　・（三次元立体に対する挑戦は度々あるものの）二次元平面での表現が基本で，

　　・映画スクリーンやテレビ受像機のように集団視聴に耐えうる端末形態

といったリュミエール兄弟のパリ，グラン・カフェでの上映会（1895年）によって形成されたものがある。しかし今のスマホによる視聴のように個人単位での視聴のほうが普通になれば，映像の起源はエジソンのキネトスコープ（1891年）と置くほうが妥当である。

　もっとも本稿で対象とする放送や映画産業は，リュミエール兄弟が残した"古典的な"映像と最後まで付き合いつつ，新しい映像とどう向き合っていくかという立場にあると考える。以下では現在の映像製作のビジネス・プロセス，ワークフローに基づき，新しい映像技術の応用可能性について考察する。

1.1　企画，開発段階（含プリプロダクション）

　2015年現在，報道番組やワイドショー番組では各種のネット上の検索ランキングを用いて番組中の話題にすることが当たり前になった感覚がある。ネットが満遍なく普及したという前提のもと，幅広い層の人々の関心の最頻値を探ろうとしたときには便利なデータである。

　「幅広い層の人々の関心の最頻値」となるアジェンダは，これまで報道のアジェンダの大きな一部となるものであり（あくまで一部であるが），その取捨は経験豊かなデスクの判断にゆだねる面も強かったところである。それが政治的にも統計的にもより全数調査に近づく形で自動化できることの意味は大きい。

　しかし単純なマーケティングと異にしなければならないことは，報道も文化芸術にも，受け手の関心とは別に，送り手の伝えたい，発信・表現したい事柄が重視されることがある。それはマーケティング普及理論でいうところのマジョリティを狙うよりはイノベータやアーリーアダプターを狙う感覚である。今後，ネットのレコメンデーション等のアルゴリズムが単なる最頻値をとらえるのではなく，胎動期にあるものを的確にとらえることができるようになれば，一段と広い範囲でアジェンダ設定の自動化ができるようになる。ただしこうした予測を含むことにはAI対人間といった，非常に難しい問題をはらんでいることは留意しなければならない。

　フィクション系においても懸念すべき事項がある，映画の全盛期（例えば

第２章　AIの台頭，技術的特異点にむけての映像産業の技術と経営戦略

1950年代）やテレビドラマの全盛期（例えば80-90年代），当時も小説やマンガ由
来の企画もあったが，オリジナル開発が質量共に強い競争力を有していた。し
かし2010年代の現在，オリジナルの存在は両者において稀なものとなってしま
った。物語の開発上，映画や放送よりも出版産業のほうがより強力な社会シス
テム（人材発掘や社会的な作品評価，流通展開まで）を持っているからともいえ
るが，映画や放送産業の立場で考えれば企画原案が内生変数ではなく，外生変
数として与えられる時代になってしまった。しかもその出版の電子化は避けら
れない方向性としてあり，たとえ紙が残り続けるとしても，物語もサイバー上
ではデータ化が進んでいくことになる。データ化とAIの能力向上は，次の進

表2-1　企画，開発

		事例的なもの	考え方
企画，開発段階	企画原案	・ネットのレコメンド機能の拡充による，訴求力ある提案の拡充。 ・そのレコメンドの基礎にある出版物のデータ化（過去の Google 図書館プロジェクトの発想のように）。 ・ただしライツ処理問題がその拡大の制約。	ビッグデータによる人々の嗜好の解析力上昇。Google 図書館プロジェクトは頓挫したけれども，知識や思想のデータ化という着想自体が消えた訳ではない。
	キャスティング メイク・衣裳	・ボーカロイドなど，サイバー上のアバター。 ・既に見られる群集シーンなどでのCG 活用。 ・生身の俳優のアバター化（データ化）により，より簡易にオーディションやキャスティングの配役のマッチング精査。	モーション・キャプチャーの精緻化。8 ビット映像から12 ～ 16ビット等，高ビット映像による表現力の向上。
	ロケハンロケ地許可	・Google ストリートビューでの擬似ロケハン。 ・撮影許可公的申請の ICT 化。	
	スタジオ，大道具	・プロジェクション・マッピング（映像の二次元フレーム・スクリーンからの離脱） ・VR，AR 技術のより精緻化。	特異点以後，脳と AI のリンクが行われれば，生身の人間の意識がVR，AR 上に転移して，その次元空間上で"演技"を行うことも想像できる。
	脚本		脚本の（演出分析ではなく）構造分析が進まない限り，自動化は難しい。

出所）筆者作成

展を生むかもしれない。

脚本分析において，特にその構造分析からモデル化やパターン化という着想がある[4]。まだまだ社会的抵抗も強く精緻化の余地は大きいと考えられ[5]，2025年程度では全くといってよいほど自動化は進まないと考える。だがもし仮に精緻化が進めば，完全な自動化まではたどり着かなくとも，上記のデータ化とAIの能力向上を背景に，対話型インターフェースによって脚本開発の省力化が進む可能性は2045年程度にはあると予想できる。それはあたかもロール・プレイング・ゲームの脚本開発を想起させるものである。

企画，開発の重要な要素である「契約」は，その自動化がイメージできない。契約書のひな型は今でも活用されるものであり，半自動化ともいえるが，最後の「了承する」という行為の自動化は人間の意志を無視するものであることから，自動化の意味を持たない。

プリプロダクションの各作業において，ネットやコンピュータは10年代の今でも有用な道具になっている。しかし最終意思決定を自動化するほどの進化は2025年には見込めないし，人間同士の契約事項の自動化は最後まで不可能であると考えるのが妥当であろう。

1.2　制作段階（プロダクション＆ポスプロ）

例えばDisney Researchが行っている研究テーマ[6]とNHK放送技術研究所が行っている研究テーマ[7]を比較したときに，3D立体映像関係のような共通項目も多くあるが，差異を感じる点がカメラでの撮影から編集にいたるオーソドックスな制作ワークフローの改善に貢献する部分である（ただしわが国はこの領域を大手家電メーカーが担っている側面もある）。

そのひとつ，①編集の自動化は，そのディズニー・リサーチでも研究されている。素人に限らずプロにおいても編集は手間のかかる作業であり，効率化が望まれる。プロユースレベルではないとはいえ，既に退屈な長回しカットから無駄なシーンを自動削除するソフトも出始めている[8]。ディズニーが行っているのは複数カメラによるスポーツ中継の自動編集であり[9]，またそれをサポー

第2章　AIの台頭，技術的特異点にむけての映像産業の技術と経営戦略

トするために選手の動きを解析するソフトの開発である[10]。

　また，②カメラ・ブラー（ブレ）に対する生理的な不快さは，映像が生まれた120年前からある問題であり，現在も多軸ジンバルなどの特殊撮影機材が盛んに商品化され，さらにソフトウェア的にも各種の解決が求められている[11]。しかし未だ絶対的な解決策が見出されていない問題でもある。

　これらに留まらず各職能での最終仕上げになるところで，自動化は程遠い段

表2-2　プロダクション

		事例的なもの	考え方
プロダクション(1)	撮影	・街中いたるところにある定点カメラとそのネットワーク化。また定点カメラのより臨場感あるアングル制御，構図取り。 ・カメラ自体がもともと数値制御の機械。デジタル化しやすい素地はある。	まだ迫力ある画は，定点カメラでは撮り難く，人手と経験が必要。構図取りもまだ微妙な最終調整が人手によってなされる必要がある。しかし構図やミザンセーヌを検討するソフトウェア開発は流行のひとつ。手ブレ対策等，生理的に不快な映像の抑止も，3軸ジンバルのように機械の進化が，素人でも扱いやすいものにしている。
	照明	・カメラセンサーのダイナミックレンジのさらなる改善とlogやraw撮影の普及。 ・収録から端末に至るHDRシステムの普及。	HDRで求める階調が21-22stopあるとすれば，すでに14-15stopのカメラがある。意図的な演出を模索しない場合ならば，重装備の照明が徐々に軽装備になっていく。ただし微妙な光の差異をカメラが拾うので，仕上げ部分で，照明マンはより不可欠になっていくと思われる。
	録音	・もし読み上げソフトの臨場感が高まれば，自動化の途がつく。 ・SEのデータ化 ・アフレコデータのより精緻なリップ・シンクロ・ソフト	比較的自動化の想定が難しい領域。
プロダクション(2)	役者 演出（監督）	・アバターと生身の役者の共演（例，NTV系15年秋クールの『マツコとマツコ』） ・アバターしか登場しない作品は実写ではなくアニメーションのカテゴリー？	生身の人間はモーション・キャプチャーのデータ・ソースにもなりえる（肖像権のみならず様々な権利も想定できるため，実演に伴う許諾・報酬請求に執着しなければ，収益化の幅は広がる可能性を残す）。監督・演出は自動化のイメージが湧きにくい。
	制作進行		現場に人がいる限り，それをマネジメントする人は必要。同時に機械の世話をするグリップのような役割は形を変えて存在し続けると考える。

出所）筆者作成

表2-3　ポストプロダクション，流通

		事例的なもの	考え方
ポストプロダクション段階	粗編編集	・粗編ソフトウエアの開発。 ・各種映像アプリ内に組み込まれたテンプレートへのはめ込み（GoProなど各カメラメーカーが提供するアプリ組み込みテンプレート，ブライダル披露宴用ムービー）。	粗編で通用するジャンル（スポーツなどリアルタイム中継）と通用しないジャンル（ドラマなどナレティブ）で，後者の最終仕上げ領域では，自動化にはより一段の発展が必要。
	サウンド作曲・実演ME，SE	・アルゴリズム作曲法（Algorithmic composition）の進化。	実演においては desk top music やボーカロイドの更なる進化。"打ち込み"型の音楽の浸透。
	特殊効果	CG の一層の発展	
編成流通		ネット配信（従来型の流通からの中抜き） お奨め映像 "YouTube Japan 公式チャンネルが（勝手に）作成した再生リスト"	流通における中抜き，問屋機能の喪失はあらゆる産業で観察される事象。

出所）筆者作成

階である。さらに，監督，実写の主要キャスト，録音音声などの職能は，AI 等による自動化のイメージが，筆者には湧かない。実写の制作段階では2045年においても，人手は不可欠と考える。

1.3　伝送・流通

(1)　電波とネット伝送路

　「ネットの回線速度の上昇は今後も続くであろう」とみなすのは，これまでの経験によるところである。現在は4Kや8K映像の伝送はまだストレスを要するものであるが，映像ファイル圧縮技術の向上と相まって容易なものになっていく方向性は十分に予測できる。すでに YouTube は，川上の動向とは無関係に，先行的に8Kを含めて高解像度伝送対応を始めている[12]。

　またネットは IP プロトコルに従いデータ通信という枠に入る全てのアプリケーションが展開可能であるが，多くの電波伝送路帯はまだまだ参入規制（獲得）や各種の技術上の制度規制もあり，その利用・運用が，ネット伝送路ほどの柔軟性を持っていない。今後，技術ではなく法制度の面から柔軟化が図られるかどうかで，ネット伝送路と電波伝送路の位相関係は大きく変わる。

30

第2章　AIの台頭，技術的特異点にむけての映像産業の技術と経営戦略

(2)　端末

① 固定端末の高品位化（4K，8K，HDR，PC）

　テレビ受像機の製造は，世界のなかで，日本，韓国，中国，東南アジアの独
壇場となっている。テレビを含めデジタル家電は，わが国が先行開発したとし
ても，韓，中，台にコスト競争戦略のなかで，常に追い上げられる構図がある。
高解像度化（4K，8K），高階調化（HDR）が2020〜2025年に向けての動きであ
るが，同様の傾向は続くと予想される。

　こういった民生機の範疇ではわが国が稼げない，一方で業務機の範疇では高
い設備投資になる高画質化の動きに対しては常に「不要論」が付きまとう。し
かし，例えば解像度の側面では，PC モニターの解像度の歴史が示すように，
一般普及の過程においては粛々と確実に高画質化していくことが予想される。

　伸び基調にあり2015年現在の中心的な解像度1366×768というテレビの HD
（720）とフル HD（1080）の中間的な解像度を基準に取れば，それより解像度
の高くアスペクト16：9のものは伸び基調にあり，また低いものは減少基調に
ある。パソコンの世界でも長く支配的であったアスペクト4：3や16：10のも
のは減少基調であり，解像度とは別に横長画角への傾斜がある[13]。

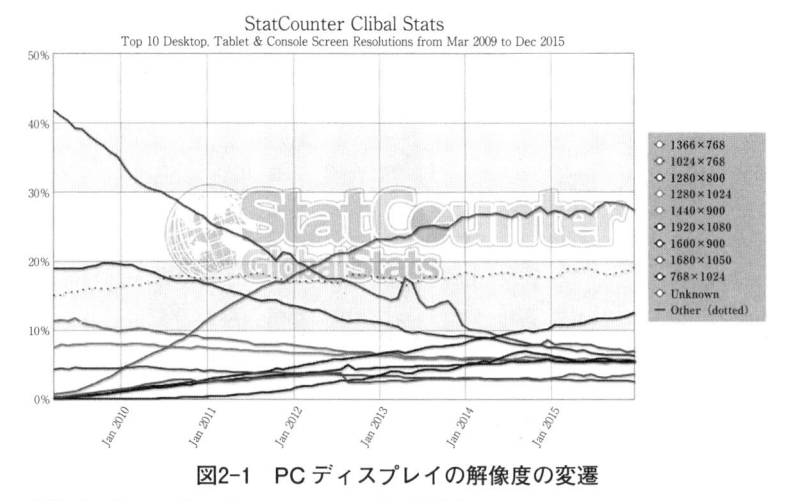

図2-1　PC ディスプレイの解像度の変遷

出所）Stat Counter（http://gs.statcounter.com/）より作成

またHDRという高階調化も，Netflix, Amazon, YouTubeといったネット勢のほうが積極果敢に採用をしている[14]。

② 中心軸はモバイル端末か固定端末か

　モバイル端末は，それがガラケーからスマホ，そしてヘッドマウントDのような将来のさまざまなウェアラブル端末に至るまで形の変化はあるだろうけれども，そのニーズについては普遍性があるといえる。その普遍性の根拠のひとつとして考えられることが，人々の日常生活におけるさまざまなすき間時間の有効化であり，「時間を退屈に過ごさない」ということには一定の普遍的需要があると考える。一昔前は通勤電車のなかで文庫本や新聞を読み，現在ならネットサーフやネットゲームに享楽する。メディア接触については，2010年代前半によく語られたテレビ視聴のタイム，デバイス，プレイスといった視聴のシフト現象はすき間時間の有効化と表裏一体の現象であるし，またアプリケーションを立ち上げては短時間で閉じるといった忙しいメディア接触を繰り返すこと[15]も，すき間時間ならではの使い方，有効化とみることができる。

　尺でいえば数分から5分程度のドラマ仕立てCMが増えているのも，有効

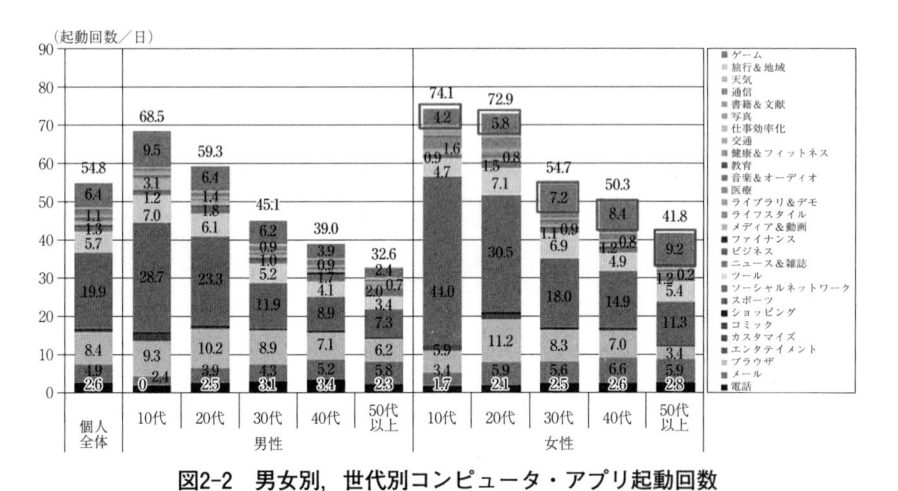

図2-2　男女別，世代別コンピュータ・アプリ起動回数

出所）天野彬（2015）「スマホユーザーのことを深く知るためのログ分析入門～なぜ年を重ねた女性ほどゲームアプリをよく利用しているのか～」インサイトメモ（ウェブ電通報）#44，Tuesday, May 12, 2015。
http://dentsu-ho.com/articles/2514（2016年01月31日）

第2章　AIの台頭，技術的特異点にむけての映像産業の技術と経営戦略

化現象の現れと解釈する（またそれらは筆者が日頃接する多くの大学生の間で受け
がとてもよい）。物語へのニーズが普遍的であることは，古の時代から小説，舞
台，映画，テレビドラマと媒体を変えても存在していることが証明している。
すき間時間にはまる映像として長くない尺で[16]，視聴中断可能な切れ目の多い
映像である[17]。

　また欧州でのプロダクト・プレイスメントを巡る規制[18] のように，広告主
視点ではテレビドラマは必ずしも自由な表現の場とは限らない。広告が販売の
ための手段であるという原理的な視点でいえば，ネットに展開する映像のほう
が表現の自由度があり，映像表現から販売に至る論理パスを設計しやすい。逆
にエスタブリッシュした放送には，規制や各種コードなどの表現の制約がある。

　総じて伝送・流通において，技術はその可能性を高めているが，相対的に法
制度の縛り，そしてユーザーの時間制約が強くなっている。

1.4　小括

(1)　伝送路から考えるわが国の思考パターン

　政府メディア政策におけるコンテンツと伝送路のバランスについて，諸外国
との比較のなかでわが国は伝送路偏重が指摘されたことがある（対極に位置づ
けられるのは現実にコンテンツ支援予算が巨大なフランスである）。

　歴史的にも理論的にも政府は競争促進のために映像産業を水平分離させる傾
向があるが，逆に映像企業は経営戦略として企画＝制作＝流通の垂直的統合を
志向する傾向がある。米国ではパラマウント裁定（1948年）にて映画産業の配
給と興行の分離が進められた。放送もまたフィンシン・ルールやプライムタイ
ム・アクセス・ルールなどの制定により制作と編成の分離された状態となった。

　わが国では映画の配給＝興行，放送の企画＝制作＝伝送の垂直統合された状
態（地上波局）が，20世紀から脈々として続いている。さらに現在の映画は製
作委員会方式がとられ，製作と配給が曖昧に統合／分離された構造になってい
る。放送においても既にアニメ番組や一部のドラマにおいて用いられている組
織体である。こうした垂直統合された組織があり，市場競争が作用していれば，

33

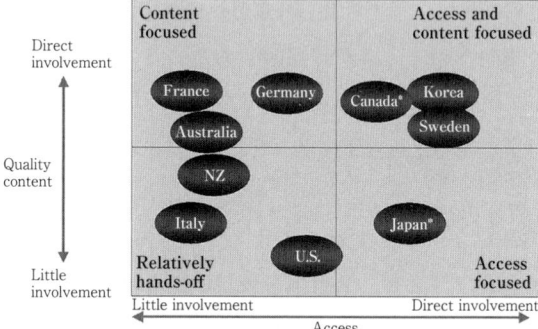

*Based on stated policy; funding not yet approved

図2-3　各国の放送政策の姿勢

出所）ITC（2002）*Comparative Review of Content Regulation*, p. 13.

企業は川下から戦略を考える思考パターンがあって当然といえる。

　同様に，わが国の映画，放送映像を制作する技術への社会的な関心も，相対的に（海外と比べて，また川下の伝送路技術に比べて）弱い印象を筆者は持つ。上述の Disney Research と NHK 放送技術研究所の研究テーマの違いもそうである。またわが国には高価な業務用放送機材を供給するメーカーが複数存在し，世界に対する供給源にあるが，ベンチャー的観点で撮影技術革新を推進している領域ではそうとも言い切れない。米 Gopro 社が新しいアクションカメラという市場を創出し，数量的には世界でもっとも売れているビデオカメラ・メーカーとなった[19]。ドローンやジンバル（gimbal）といった特機においても DJI という中国・深センの企業が量販という点で世界をリードしている。低廉な業務用カメラや撮影補機でも，近年オーストラリア Blackmagic 社の動きは活発であるし，映画用カメラになると独 ARRI 社は依然強く，日本勢はその牙城を崩せない[20]。そもそもデジタル・シネマ・カメラの世界では，米 Red 社が率先して市場を形成してきた。こうした制作現場に直結する技術環境は，必ずしもわが国に圧倒的優位性があるとは言い切れず，特に財務的に恵まれない零細事業者や個人，アマチュアに優位性を与えている環境（劣位というほどでもないが）ではない。

34

第2章　AIの台頭，技術的特異点にむけての映像産業の技術と経営戦略

21世紀に入って政府が放送・通信融合法制整備の過程で水平分離できる環境を進めてきたことは周知の事実である。ゆえにフランス，米国のような，コンテンツ・ホルダーの視点にたったコンテンツ（based）戦略を検討することもオプションのうちに入るはずである。

第2節　技術以外の環境変化

放送は市場分析における二面＆多面市場論の例としてよく引き合いに出される。広告市場と視聴者市場の両面に接し，それぞれの市場成果が所与として他方に強い影響を与えるというものである。さらに番組が必ずしも100％内製化されていないことを考えれば，放送の場合はこの2つの市場に加えて番組供給市場も併せて考慮する意味がある。

2.1　視聴環境

一般ユーザーのテレビ視聴時間とネット利用時間は，総務省情報通信総合研究所「情報通信メディアの利用時間と情報行動に関する調査報告書」各年によれば，まだ全世代通しでは，テレビ視聴（リアルタイム）263.7時間，録画129.1時間，ネット139.6時間と大きな差がある（平日，平成26年調査）。しかしこの差は中高年層のテレビ視聴の長さによって獲得されたものであり，若年層では拮抗している。調査された3ヵ年を通して，以下の不等号関係が成立しているが，

　　　10代　　　　　ネット利用時間　＞　テレビ視聴（リアルタイム）

　　　30代以上　　　　テレビ視聴　＞　ネット利用時間

注目すべきは同資料の平成24年と25年調査での20代での差である。ここにテレビ視聴とネット利用の逆転の境界線がある。

10代から20代（長く見積もって1984年生まれ以降）は，いわばネット・ネイティブ世代とみることができる。これらが年代的に持ち上がっていくことで，媒体としてのネットの媒体力は強化されていく方向にある。

実際に5-6インチしかないスマートフォンを通しての映像鑑賞も一般的になってきた印象である。映像を作る際にもアクションカムによる激しい動きのあ

表2-4　20代のメディア利用

	テレビ（リアルタイム）		ネット利用
24年調査	121.2分	＞	112.5分
25年調査	127.2分	＜	136.7分

24年調査は同報告 pp. 3-5，25年調査は pp. 9-10の平日データ。24年調査は平日に行われているので，「平日」とみなして比較。

出所）総務省情報通信総合研究所「情報通信メディアの利用時間と情報
　　　行動に関する調査報告書」（各年）

る撮影（PoV: Point of View など）も，あまり抵抗がなく，ネット・ゲームを含めて動画中の激しい動きにも目が馴らされている印象を受ける（小さい画面ゆえであろうけれど）。

　もっともネット世界のなかでの栄枯盛衰が激しいことは変わらない。Facebook や Twitter といったエスタブリッシュ組に対し，Pinterest や Instagram といった写真ベースの SNS が，米国10代若者層での伸びが指摘される[21]。文字から写真へのシフト，またその後には映像へのシフトも十分に考えられる。

2.2　広告市場環境

　広告主にとって，伝統的4媒体に対するネット広告の相対的な魅力はなんであろうか？

・広告表現力の幅や豊かさ

　枠や紙面，時間等の物理的制約，4媒体にある表現コードなどの規制が相対的に小さい。もちろんネットにおいても，将来的にはコード等，なんらかの公共性や公正性を求める要望は高まるであろう。放送70年のなかで，徐々に倫理的要求が高まってきた歴史と相似である。

・広告効果の測定，PDCA サイクルの速さ

　より確実に，またいろいろな評価属性を用いて，広告効果測定ができる。

などがあげられよう。逆に，

・宇宙のごとく価値の多様性が広がりを見せるネットのなかで，マスの関心を誘うことの難しさ。4媒体出稿は枠を獲得するにも物理的上限があるので，

第2章　AIの台頭，技術的特異点にむけての映像産業の技術と経営戦略

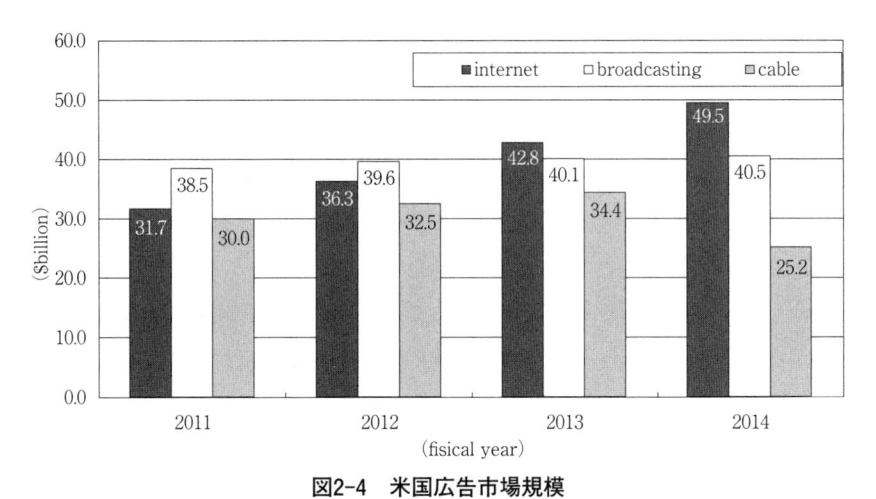

図2-4　米国広告市場規模

出所）IBA, *IAB internet advertising revenue report*, 各年

　出稿するだけで，出稿できる企業，できない企業の格差が生じる。
は相対的なデメリットと考えられる。

　「やがてネット広告市場規模が放送の広告市場規模を追い抜く」という現象
の到来は，2010年代後半の世界各所での現象となろう。代表的なネット広告業
界団体IABと調査会社PWCが，2013年（FY）に米国市場ではインターネッ
ト広告（$42.8b）がネットワークテレビ放送（$40.1b）を追い越したことを指摘
した[22]。

　もっともネットワークとケーブルを足せばまだ放送のほうが大きい。わが国
の場合，電通の「日本の広告費　2014」では，インターネット広告費10,519億円，
テレビ19,564億円である。ただし日米とも（ネットワーク）テレビの伸び率が
横ばい（北米ではケーブルの減少）であるのに対して，ネットの伸び率が格段に
高いため，このトレンドが続く限り，いずれ逆転が起きる。

2.3　番組市場環境

　財力的に豊かになり始めたネット事業者が，オリジナルのコンテンツ制作に
本格投資を始めている。しかも，その作品群がエミー賞，ゴールデン・グロー

ブ賞，アカデミー賞のノミネートにあげられるもので，安かろう悪かろうでは
ない。また，作られた作品が映画館や放送媒体への展開など，ネット以外のウ
インドウへのウインドゥ戦略（Windowing Strategy）も検討されている。従っ
て旧来媒体（映画・放送）の作品の存在やそのクオリティ，製作能力が，ネッ
トに対するアドバンテージであり続ける猶予は長くないと考える。

地理的な世界展開を急ぐ Netflix
　　ハリウッド・メジャーが世界中に支社を置き，各国の映画配給網に深く食
　い込み，ハリウッドだけが世界各国の映画市場でシェア１位，２位を競え
　る世界の唯一のグローバル・プレイヤーになったように。

ウインドゥ戦略を志向する Amazon prime（Amazon studio）
　　ハリウッドが，テレビの台頭後，さまざまに登場したメディアへのウイン
　ドウ戦略を開発し，映画への還元方法を模索したように。アマゾンのオリ
　ジナルは映画とシリーズ（TV ドラマのような）に分けられるが，年間12本
　のオリジナル映画の作製または獲得（インディ・スタイルで製作費 $500-
　$2,500規模），ファースト・ウインドウとしての映画館興行，４－８週間後
　にアマゾン・プライムでの配信といった方針を2015年１月に表明してい
　る[23]。

　　ネット配信事業者のオリジナル・コンテンツは，当初はシンジケーション的
に外部から供給されるものを排他的に獲得することから始まった。その後すぐ
にハリウッド・メジャー・スタジオのビジネス・モデルのように，持ち込み企
画／コンペでの優秀な企画にリソースを投下する形へ進化した。さらに，監督
や出演者といったクリエイティブ・タレントをめぐる放送・映画・ネット間の
争奪戦も行われている。ネット配信事業者のコンテンツ投資は本格的である。
70年代にケーブル TV 普及の一翼を担ったとされる HBO を基準にとれば，
Netflix や Amazon prime のコンテンツ投資は，HBO と比べて遜色のないもの
である。

第2章　AIの台頭，技術的特異点にむけての映像産業の技術と経営戦略

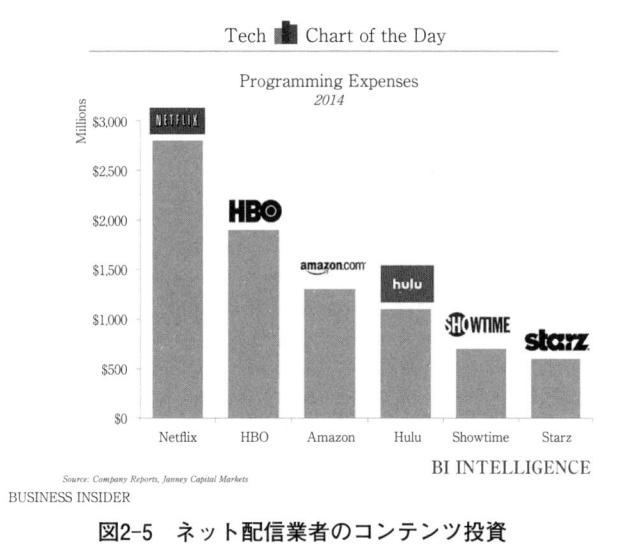

BUSINESS INSIDER

図2-5　ネット配信業者のコンテンツ投資

出所）"Netflix will spend $5 billion on programming in 2016, more than everyone but ESPN, says Janney," http://www.businessinsider.com/netflix-will-spend-5-billion-on-programming-in-2016-2015-2

2.4　地下経済市場　改善しない違法流通

　経験知としてあることは，路地裏での違法 DVD コピー問題以来，正規版の早期リリースが違法版駆逐の最も有効で効率的な方法ということである。ネットの違法流通問題は，国境を越えて展開されるため，より対策が難しくなる。一時は米国や中国，韓国からのネット違法流通が目立ったが，最近はわが国の海外番組販売の伸びの影の側面ゆえか，東南アジアからの違法流通も散見されるようになってきた。

　その正規化という観点で，2014年はわが国の見逃し配信のなかで，TV 放送後 1 週間だけの無料公開（後に有料化）というウインドウ戦略（Windowing Strategy）が広まった年でもあった。ネットを宣伝ツールに使うことに対しては，従来からさほど大きな異論はなく積極的に用いられている。しかし収益媒体となるとまだまだ信頼性が乏しい。かといってネットへの一切の供給を行わなければ，違法版がはびこってしまう。期間限定無料見逃し配信も，ファースト・ウインドウの再解釈という観点でのネットのプロモーション媒体の性格と収益

39

媒体の性格のバランスのひとつのとり方ともいえる。

第3節　技術がもたらす経営戦略の変化

3.1　所与の条件として与えられる技術の怖さ

　ある程度成功した市場分野において，注意しなければならない新技術がある。多くの技術は「必要は発明の母」的ニーズに基づくが，シーズ型の技術もあり，例えば以下のようなシナリオを描くものである。

　① 新技術の登場

　② その新技術の旧市場による取り込みや融合の失敗

　③ しかし技術自体に魅力があれば，新市場の創出

　④ その新市場の成長と，旧市場と新市場のゼロサム・ゲーム的な市場間競争

　わかりやすい例でいえば，映画に対する放送の登場である。わが国の場合は映画の5社協定により②が強く発生し，③のインセンティブを刺激し[24]，④の結末に至っている。ハリウッドの場合，③④は避けがたいとしても，同時に旧市場と新市場の相互依存性を形成した。3DCG を用いた映像（ゲーム含めて）は，実写や非インタラクティブの映像に対して新しい市場を形成している。わが国の主流であった2D アニメも，世界における3D の成長と主流化に対してニッチ化の懸念もある。ボーカロイドも，生身のアーチストとの融合は難しく，それ

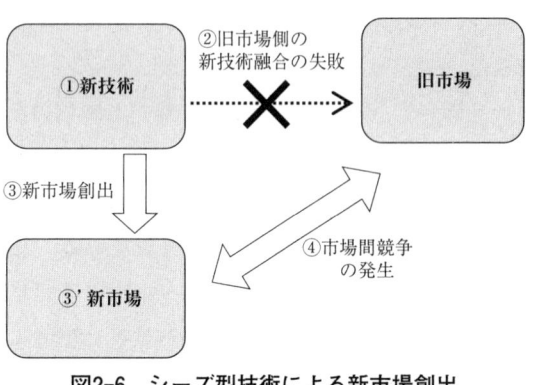

図2-6　シーズ型技術による新市場創出

第2章　AIの台頭，技術的特異点にむけての映像産業の技術と経営戦略

を脅かすほどにはなっていないが，新市場を形成しようとしている。そしてネット配信が，旧市場に対して与える影響は，多くが懸念しているとおりである。

3.2　技術に対する法制度と経済性

　技術に対して法制度と経済性（採算性，資源の制約）は，その暴走の抑止にも，その進化の足手まといにも，進化の推進役にもなる。CG は素晴しい技術であるが，とにかく費用と手間がかかりすぎて気楽に使えない。技術的特異点以降，AI に費用のかかる動力源（電気，エネルギー，カネ）を与える者は誰か？　という点と本質的には変わらない。インターネットは技術的に世界同時配信を可能とするが，正規ビジネスを行おうとしたときに物理的な国境や県境を意識せざるを得ない。また街中の（監視）カメラの運用も，その技術的な応用可能性とは別に，犯罪抑止とプライバシー保護の狭間で慎重な運用が行われなければならない。

3.3　映像の本質

　上述のように，プリプロダクションにおける最終契約の完全自動化は想定しにくい。同様に誰が誰のために映像を作るかを考えたときに，結局映像は第七芸術として，建築，絵画，彫刻，音楽，舞踏，文学に並ぶ表現手段であり，それは人から人に何かを伝える表現手段（単なる事務処理ではなく）であるということ，技術は介在こそすれ，その基点・終点のいずれでもないところに，全自動化の限界がある。しかし AI が人のコマンドで動くのではなく，自発的な "意思" を持ったときに，この構図は崩れる。

3.4　事業化領域と非事業化領域（芸術と趣味）　ロングテール論

　2000年代の ICT 政策においては，ロングテール（＆シャープヘッド）論が語られたことがある[25]。言論や思想の多様性，誰もが映像発信側に立てるということは，理念として文化の多様性やジャーナリズムにおける多元性と多様性の観点から正しい方向性である。そして，

41

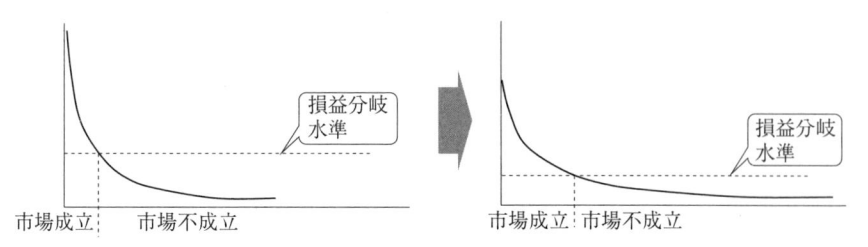

図2-7 シャープヘッドの雪崩，収益を生まないロングテールの伸延

・プロ，アマチュアを含めた制作者の増加

・シャープヘッド（メガヒット）の減少

といった現象が実際に観察できる。この背景には，撮影機材の低廉化（固定費の低下）と素人でも流通展開できるネットという流通展開網の整備がある。これらに損益分岐点水準を下げロングテールを伸ばす効果がある。しかし産業規模（市場成立部分の積分値）の劇的な拡大につながるかは不確定である。その主たる理由には，ロングテールの伸延と同時に，シャープヘッドが崩れることがある。ユーザーのコンテンツ消費に費やせる支出と時間には制約があるからだ。

　実際に音楽，映画，映像製作の市場規模の実測値は横ばい，ないしは微増減を示す。ネットは確かに埋もれていた才能に機会を与えることまでは成功しているが，"埋もれていた才能"に十分な所得があるかについては不確定である。

3.5　媒体特性論

　映画，放送，ネット配信の媒体特性論が，再び検討の価値をもつと考えられる。50-70年代のテレビの台頭と映画の凋落期において，映画は長編，大作（高コスト＆時間），ハイコンセプトのジャンルに特化していった。テレビとの相対比較では，映画は都度課金コンテンツである以上，観客が現金を払ってもよいと思える内容でなければならないし，前払いであることからキャッチーな宣伝をしやすい内容を持った作品でなければ集客できない。一方で編成上，テレビほどには締め切りは細かくないので制作に時間をかけることができる，といっ

42

第2章 AIの台頭，技術的特異点にむけての映像産業の技術と経営戦略

た特性があった。一方で映画からかなり消えた存在となったのが，ニュース，短編，ドキュメンタリーであり，テレビに舞台が移っていった。速報性や非都度課金であるテレビの特性が活かされやすいジャンルである。

　今後のネット配信の台頭においても，こうした相対的な媒体の特性が考慮されるなかで，一種のすみわけがなされていくと予想される。

3.6　事業ドメイン（領域）論

　わが国の放送事業は長く制作・編成・伝送を一体として許認可が出され，また経営上の事業ドメインとしてきた。編成業務を事業の核とする，いわばプラットフォーム（Based）ビジネス，あるいは伝送路ビジネスというべきものである。理論的には，二面＆多面市場（Two-sided or Multi-sided market），複数の流通出口を持つプラットフォームであればクロスメディア概念の追求である。

　しかし通信放送融合法制において，いまは水平分離がオプションとして与えられている。コンテンツ，プラットフォーム，伝送を全て行うのではなく，そのどれかに集中することも可というオプションである。ハリウッド・スタジオはテレビ台頭期に，"製作"に競争優位を見出そうとし，ウインドウ戦略やメディア・ミックス概念などの追求の結果，映画とテレビの両方に強い影響力を残すことに成功している。それぞれの「番組」の制作や多様な事業展開を，ビジネス・モデルの核と位置づけて考えるコンテンツ（based）ビジネスである。規制産業であった放送において，ドメインは所与の変数ではなくなっている。

3.7　ウインドウ戦略

　映画，放送といった旧来媒体は，ネットという新しい媒体の扱い方に苦労している理由が，70年代以来培ってきたウインドウ戦略に矛盾をもたらすウインドウであるからだ。標準的なウインドウ戦略においては，市場規模の大きいウインドウでの展開を優先し，また違法流通の発生源となるウインドウは後にまわすという考え方がある[26] が，ネット・ウインドウは市場規模の大きさへの期待がありつつ（しかしまだ現実化していない），違法流通も発生しやすいとい

う矛盾を抱えている。

　昨今，ファースト・ウインドウの概念の変化が起きている。わが国の地上波放送が2013〜2014年頃から1週間の見逃し配信を無料で行うようになったり，媒体広告のなかで，C3，C7といった概念[27]をニールセンが提供したりしている点は，放送にとってのファースト・ウインドウの捉えなおしとも解釈できる。

第4節　結　語

　マネジメントのうえで，技術とどのように付き合うかは古くからある問題で，MOTなどの領域では盛んに研究される。比較的枯れた技術の重視やリスクに対して慎重な姿勢が説かれる場面が多いが，守るものが多い伝統的な放送事業においても，その基本的な考え方は当てはまるであろう。

　しかし環境要素として非常に強烈な産業間競争がネット事業から発生しており，彼らは新技術の導入に相当貪欲である。ネットでは既に8Kも実用化されており，VR & ARのような次元の異なる映像世界も2016年のトピックとなる様相である（本原稿は，16年初頭に起こしている）。それに対し，「（技術は問題ではなく）内容が問題である」といった反駁は，総合芸術としての映像の性格を無視した反駁である。

　一般にフォロワーの攻勢に対してリーダーの戦略は，優位にある資源力に基づく短期的巻き返し戦略である。そうした巻き返しを行うにあたっても，技術に対する食わず嫌いがあれば，マネジメント上の障壁となる。

　新しい技術，高機能な技術には高コストというネガティブな側面とともに，何か新しいものがもたらされる期待感やワクワク感があるはずである。保守的になればなるほどその期待感に心の目のオブラートがかけられているのではないだろうか？

　●注●

1）　Frey, C. B. & M. A. Osborne（2013）"The Future of Employment: How susceptible are jobs to computerisation?," Oxford Martin School, September 17,

第2章　AIの台頭，技術的特異点にむけての映像産業の技術と経営戦略

2013.

2）　野村総合研究所（2015）「日本の労働人口の49％が人工知能やロボット等で代替可能に――601種の職業ごとに，コンピューター技術による代替確率を試算――」2015年12月2日。

3）　経済産業省（2015）「技術マップ2015（コンテンツ分野）」平成27年2月経済産業省メディア・コンテンツ課。

4）　例えば，金子（2008）と，その2章にまとめられるレビュー参照。

5）　それでも構造分析の基礎中の基礎ともいえる「三幕構成」といった概念くらいは，既に広く共有化されていると考える。

6）　https://www.disneyresearch.com/research-areas/（2016年01月31日）

7）　http://www.nhk.or.jp/strl/vision/（2016年01月31日）

8）　動画編集ソフト LiveLight は，デジタル動画の映像からあまり面白くない部分を自動的にカットしてくれるソフトウエア（カーネギーメロン大学の学生の開発）。cf. Bin Zhao & Eric P. Xing（2014）.

9）　【実験】マルチカムで，バスケット中継をしたときに，そのカメラスイッチングや編集が，人の判断ではなく，ソフトで自動的に行う技術（ソフトの編集とプロの編集が遜色ないレベルまで来たという報告）。cf. Arev, et al.（2014）Disney Research（2014）.

10）　cf. Peter, et al.（2015）Disney Research（2013-15）.

11）　例えば Microsoft Research（2015）。編集ソフトにおいてもブレ除去は必須のエフェクトになっているものの，決定的なレベルに到達しているとは思えない。何より編集においてもブレ除去は極めて負荷が高く，書き出しに時間を要するエフェクトである。

12）　YouTube はフル HD60p に2009年11月，4K に2010年7月，8K に2015年6月に対応している。その時点では8K 対応できるモニターもカメラも（民生機の範囲では）無く，テスト映像は6K センサーカメラのアップコンバートで対応された。Videos supporting 8K resolution starting to appear on YouTube, http://9to5google.com/2015/06/08/videos-supporting-8k-resolution-starting-to-appear-on-youtube/（2016年01月31日）

13）　アスペクトは，映画においても，例えばシネスコ・サイズのように，より横長なものを志向する傾向がある（プロ，ハイアマチュア共に）。PC においても縦スクロールなアプリケーションが多いにもかかわらず，アスペクトは4：3や16：10から16：9の横長へ傾斜している。

14）「CES 2016：北米中心のサービス事業者から，世界の『NETFLIX』へ――HDR 配信は今年後半にスタート」（2016年01月09日）http://www.itmedia.co.jp/lifestyle/articles/1601/09/news029.html（2016年01月31日）

「YouTube が Netflix や Amazon に並んで HDR ビデオをサポート，対応 TV や
ディスプレイも今後続々」

http://jp.techcrunch.com/2016/01/09/20160108youtube-will-join-netflix-and-ama-
zon-with-support-for-hdr-video/（2016年01月09日）

15) cf. 天野彬（2015）

16) すき間時間のなかで視聴完結するという意味ではない。仮に完結することが
必要条件ならば，電車で文庫本を読むという行為は成立しない。

17) そういった意味でも，映像脚本は構造分析を進めるべきと考える。

18) cf. European Audiovisual Observatory（2010）.

19) 「米 GoPro 上場　なぜ小さなカメラは熱狂生んだか」『日本経済新聞』2014年
8月7日。記事中に「2013年の販売台数は前年比1.7倍に膨らみ384万台。家庭用
ビデオカメラでシェア1位だったソニーが2013年度に売った台数は230万台であり，
今や世界で最も売れているビデオカメラの座をゴープロ社が奪取したことになる。」
と指摘される。

20) Andrew Reid（2016）"Oscar nominees 2016！Two films shot in 65mm, Arri
still dominates," 2016, Jan.14. *EOSHD*,

http://www.eoshd.com/2016/01/oscar-nominees-2016-two-films-shot-in-65mm-ar-
ri-still-dominates/（2016年01月31日）

21) 「Facebook は伸び悩み，Pinterest や Instagram，Twitter はグンと成長」

http://www.garbagenews.net/archives/2237012.html（2015年01月11日）

"Social Media Update 2014"（2015年01月9日）

http://www.pewinternet.org/2015/01/09/social-media-update-2014/（2016年01
月31日）

"Why teens are tiring of Facebook"（2013年03月2日）

http://www.cnet.com/news/why-teens-are-tiring-of-facebook/（2016年01月31日）

「Instagram が Twitter を上回ったのはナゼ？」

http://toyokeizai.net/articles/-/55870（2014年12月16日）

22) IAB（2014）, p19.

23) Amazon（2015）"Amazon to Produce Original Movies for Theaters, Prime
Instant Video,"（2015年01月19日）

http://phx.corporate-ir.net/phoenix.zhtml?c=176060&p=irol-newsArticle&ID=
2008551（2016年01月31日）

24) 「この頃テレビ界は，テレビを新興のライバルと見る映画界との対立に苦慮し
ていた。（中略），5社協定を強化し，テレビ界とは絶縁状態となった」

http://www.nhk.or.jp/archives/nhk50years/history/p09/

25) 例えば，2006（平成18）年の総務省『情報通信白書』特集テーマ「ユビキタ
スエコノミー」（第1章）。

第２章　AI の台頭，技術的特異点にむけての映像産業の技術と経営戦略

26)　cf. Owen & Wildmann（1992）p. 30, ch. 2,　内山隆（2014）

27)　2007年にニールセンが提唱した，「本放送から３日間ないしは７日間の，リアルタイム視聴，VCR 等の録画視聴，ネット配信での視聴，等を足し合わせた視聴率」の概念。

● 参考文献 ●

天野彬（2015）「スマホユーザーのことを深く知るためのログ分析入門〜なぜ年を重ねた女性ほどゲームアプリをよく利用しているのか〜」電通インサイトメモ vol. 44（ウェブ電通報），
　　http://dentsu-ho.com/articles/2514（2015年05月13日）

金子満（2008）『コンテンツを面白くするシナリオライティングの黄金則』ボーンデジタル，2008年４月25日

経済産業省（2015）「技術マップ2015（コンテンツ分野）」平成27年２月，経済産業省メディア・コンテンツ課。

野村総合研究所（2015）「日本の労働人口の49％が人工知能やロボット等で代替可能に　〜601種の職業ごとに，コンピューター技術による代替確率を試算〜」2015年12月２日

Arev, Ido, Hyun Soo Park, Yaser Sheikh, J. Hodgins, and Ariel Shamir（2014）"Automatic Editing of Footage from Multiple Social Cameras" ACM Transactions on Graphics（SIGGRAPH）, 2014,
　　http://graphics.cs.cmu.edu/projects/social-cameras/（2016年01月31日）

Bin Zhao & Eric P. Xing（2014）Quasi Real-Time Summarization for Consumer Videos,
　　http://www.cs.cmu.edu/~epxing/papers/2014/Zhao_Xing_cvpr14a.pdf（2016年01月31日）

Disney Research（2013-15）Modeling and Recognising Team Strategies, Tactics and Tendencies in Sports,
　　http://www.disneyresearch.com/project/modeling-sports-tendencies/（2016年01月31日）

Disney Research（2014）"Disney Research Method Automatically Edits Footage From Wearable Cameras Into Coherent Videos", August 8, 2014,
　　https://www.disneyresearch.com/wp-content/uploads/Project_MultiSocialCameras_Siggraph2014_PR-FINAL.pdf（2016年01月31日）

European Audiovisual Observatory（2010）*Product Placement*, IRIS plus 2010-3, 2010.

Frey, C. B. & M. A. Osborne（2013）"The Future of Employment: How susceptible are jobs to computerisation?," Oxford Martin School, September 17, 2013.

IAB（2014）*IAB internet advertising revenue report 2013 full year results*, April 2014,
　　http://www.iab.net/media/file/IAB_Internet_Advertising_Revenue_Report_FY_2013.pdf.

Microsoft Research（2015）*Microsoft Hyperlapse Pro*, 2015/Oct/13,
　　http://research.microsoft.com/en-US/downloads/b199c523-bcd9-4a1f-b58b-af75b-d5c621c/default.aspx。（2016年01月31日）

Owen & Wildmann（1992）*Video Economics*, Harvard Univ. Press.

Peter, C. & Jianhui（Jimmy）Chen（2015）"Robotic Camera Mimics Human Operators to Anticipate Basketball Game Action", January 6, 2015,
　　http://www.disneyresearch.com/publication/mimicking-human-camera-operators/（2016年01月31日）

内山隆（2014）「スマート TV 戦略と4K8K 高画質戦略」日本民間放送連盟研究所編『スマート化する放送』

＊文中，注 URL は，2016年01月31日に再閲覧，確認。

第2部 ソーシャル時代のメディア・情報とユーザー

第3章　群衆のなかの行動とメディア情報の役割
―東日本大震災後の帰宅困難者はなぜパニックに陥らなかったか―

三友　仁志／ジョン・ウィリアム・チェン

第1節　はじめに

　メディアから提供される情報は，人びとの行動や認知に多大な影響を与えている。テレビやラジオなどのマスメディアに加え，インターネットを経由して提供される情報は，社会生活において必要不可欠なものとなっている。スマートフォンの普及によりその傾向は加速し，スマートフォンなしでは日常生活が成り立たないほどになっている。多くの若者は，朝起きた時から寝る時まで，かたときもスマートフォンを手放せないのだ。インターネットを経由する情報提供も変化し，ソーシャルメディアあるいはSNSと呼ばれるパーソナルメディアがコミュニケーションの主流となっている。

　ソーシャルメディアは従前からあるマスメディアと必ずしも代替的であるわけでなく，時には補完的にあるいは相乗的に利用者に適切な情報を伝達する役割を果たしている。特に，大災害時にはその役割はより大きくなると考えられている。

　2011（平成23）年3月11日に発生した東日本大震災では，それまでの大災害に比べ情報の役割が大きくクローズアップされた。マスメディアでは，アナログ地上波テレビ放送が間もなく停波を迎えるタイミングであり，多くの家庭ではデジタルテレビが購入され，地上波デジタル放送による高品質の映像を視聴することが可能になっていた。そのため，大きな被害を受けた地域以外では，

震災後の津波に街がのみ込まれていくシーンなど生々しい被害の様子を高精細画像で見ることになり，震災復興活動への参加を動機づけるなど，その後の行動に大きな影響を与えることになった（Mitomo 他，2015）。当時は，いわゆるワンセグ放送対応の携帯電話端末が相当数出回っており，モバイル環境のなかでも，地上波テレビ放送の視聴が可能である人が多く存在した。また，ツイッターやフェイスブックなどのソーシャルメディアを通じて情報を得た人も多数存在した。これらの情報が津波から避難などの緊急事態において十分に機能したかどうかの判断は別として，情報へのアクセシビリティが格段に向上していたことが，その後の行動に大きな影響を与えたことは確かであり，これまでの大災害とは異なる大きな特徴の一つといえる。

首都圏における公共交通の機能停止に伴う大混乱は，多数の帰宅困難者を生み出した。連絡や情報の収集は携帯電話に大きく依存したが，音声通話は通信制御によって接続が極めて困難な状態に陥った。一方で，データ通信は維持されたため，移動中の個人が情報にアクセスする手段を確保でき，またデジタルサイネージなどからも情報を得ることができた。総体的には，整然とした帰宅，避難が行われ，大きなパニックには至らなかった。

大規模災害等の危機的状況にあっても，群衆のなかにある人びとは冷静を保ち，ときに助け合うことも可能である。群衆のなかで危機を乗り越える力は「群衆のレジリエンス（collective resilience, Drury 他，2009）」と呼ばれる。集団が危機を乗り越える力は，社会心理学において近年注目を集めている概念（日本社会心理学会，2015）といわれる[1]。そして通信やメディア情報は，「群衆のレジリエンス」を高めることができると考えられる。

これまで筆者らは，震災復興に果たすメディアの役割についていくつかの調査研究を行ってきた。ここでは，世論の形成と変化に対するマスメディアとソーシャルメディアの役割に注目し，それらのメディアが世論の劇的な変化やパニックを生じにくくするメカニズムをティッピング・ポイント（tipping point）の理論を用いて解説する。ついで，アンケート調査によって収集したデータに基づき，「群衆のレジリエンス」に対する情報利用の効果を共分散構造分析に

よって明らかにする。

第2節　災害と人びとの行動

　非常事態や大災害時に人びとに情報を提供し，アクセスを維持することは極めて重要であることが認識されている（Peary 他，2012）。NHK（2014）の番組「NHK スペシャル　震災 BIG DATA（ビッグデータ）　File. 3 "首都パニック"を回避せよ」によると，東京の主要ターミナル周辺の人口の密集度は，いつパニックになっても不思議ではない水準に達し，携帯電話の GPS 機能に基づく解析によれば，発災時，渋谷駅周辺の人口密度は250メートル四方当たり4万2千人であったものが，午後7時には6万6千人に達し，「場所によっては電話ボックスに6～7人が閉じ込められているような状態」（カギ括弧内は同番組内のナレーション，以下同様）であったといわれる。「渋谷，新宿，丸の内，池袋，異常な密集が都内の19カ所で同時多発的に発生し」，「密集のなかでパニック寸前に陥る人びとも出て」いた。その精神状態はツイッターに記録されており，「時間の経過とともに，密集への恐怖を訴えるつぶやきも急増」したと伝えている。

　しかし，緊迫した状況にありながらも，パニックが生じなかったことは特筆に値する。電話は機能しなくとも，ソーシャルメディアによってつながっていたことにより，精神的圧迫を低減できたことは容易に想像できる。さらに，主要ターミナルに設置されているデジタルサイネージが震災情報を提供したことは，人びとをより冷静にさせ，情報不足によるストレスを低減したと考えられる。図3-1は震災直後の新橋駅前のデジタルサイネージに表示された震災情報とそれに見入る人びとが映された，フジニュースネットワークによる貴重な映像のキャプチャである。この様子から，非常時に情報を提供することの重要さが伝わってくる。

　心理的ストレスとパニックとの因果関係を解明することは本書の範囲を超えるが，実際に群衆がパニックを引き起こした事例は多数ある。2015年，ハッジ（大巡礼）にメッカ近郊を訪れていた巡礼者が将棋倒しとなり，2千人を上回る死者数となったことは記憶に新しい（AFP BB NEWS，2015年9月25日）。わ

第３章　群衆のなかの行動とメディア情報の役割

図3-1　新橋駅前デジタルサイネージによる震災情報の提供

出所）フジニュースネットワーク（2012）「FNN東日本大震災アーカイブ」（2012年 9 月 1 日公開）（http://www.fnn-news.com/en/311/kanto/articles/201103110049.html）からのキャプチャ（開始から27秒後）

　が国では，2001年に明石市大蔵海岸で開催された第32回明石市民夏まつり花火大会で大きな事故が起きた。朝霧駅歩道橋上で異常な混雑となり，群衆雪崩が起き，11名の死者を出す惨事となった（神戸大学，2001）。

　他方，異常事態のなかにあってもその重大性を認識できず，本来ならば即座に避難すべき状況であるにもかかわらず，一見冷静に行動をとらずにいるケースもある。これは「正常性バイアス」とも呼ばれ，社会心理学や行動経済学における認知バイアスの一つである。避難する時間があったにもかかわらず，逃げ遅れる原因の一つと考えられる。東日本大震災においても，NHK（2011）は，宮城県名取市閖上地域における津波被害に関するアンケート，聞き取り調査に基づくドキュメンタリー（「NHK スペシャル　巨大津波　その時ひとはどう動いたか」）のなかで，地震直後に津波のおそれがあるにもかかわらず多くの人が家にとどまり避難しなかった状況を紹介している。

　危険が迫っても，冷静をよそおい，それを認知しない状況については，多くの事例が報告されている。多くの犠牲者が出た韓国大邱の地下鉄火災事件（2003年 2 月18日）やフェリー転覆沈没事故（2014年 4 月16日）で避難が遅れたことを，正常性バイアスの存在から説明することは可能であろう。

　適切な情報の提供は，パニックや正常性バイアスを回避するために重要であ

53

る。客観的な情報を得ることにより，現実を正しく認識し，我に返り，適切に行動することができる。上記 NHK（2011）の番組では，マンホールから水が噴き出すなどの液状化を見て我に返り，避難した例が紹介されている。この事例では，現実の被害によって状況の深刻さを認識できたものの，周辺に変化が起こっても，それを危機として認知しないことが避難を遅らせるので，客観的かつピンポイントの情報提供が有効となる[2]。

第3節　急激な変化とティッピング・ポイント

3.1　ティッピング・ポイント

　では，冷静な行動を変化させる要因は何であろうか。そして，いかなる環境のもとに緩やかに変化し，逆にカタストロフィのごとく急激に変化するのであろうか。急激な変化は社会にさまざまな影響を及ぼすが，ときに結果的には同じような変化であっても緩やかに移行するケースもある。国際社会においても，しばしば急激な変化をみることができる。例えば，国家レベルの急激な変動として，アラブの春や IS（Islamic State）の支配力の急速な拡大は，世界的に大きな影響を与えた。アジアでは，台湾のサンフラワー・ムーブメント（Sunflower Movement）や香港のアンブレラ・ムーブメント（Umbrella Movement）のように，学生を主体とした反政府ムーブメントが発生した。わが国でも安全保障関連法に反対する運動が広く展開された。

　これらに共通する特徴は，突然のかつ急速な変化であり，またときに代償の大きい変化である。そして，ソーシャルメディアがムーブメントの形成に大きな役割を果たしている。他方で，マスメディアは多くの場合，中立的ないしは体制寄りであり，ソーシャルメディアとは逆の役割を果たしている可能性がある。ソーシャルメディアとマスメディアが社会に生じた問題に対する人びとの行動に与える影響は極めて複雑であるといえる。

　経済や社会などの複雑なシステムは一種の生態系（エコシステム）とみなすことができる。これらの複雑なシステムでは，個人によるミクロレベルの小さな，意図しない，個別の行為がマクロレベルの大きなインパクトを形成し，突

第3章　群衆のなかの行動とメディア情報の役割

然の変化に強いと思われているシステムが突然，別の状態に変化することが観察されている（Gladwell, 2000）。突然の変化を生じる点は，ティッピング・ポイント（tipping point）と呼ばれる。Scheffer 他（2003）は，このような複雑なシステムやいわゆる世論に突然の変化をもたらす要因として，以下の４点を挙げた。

　１）周囲からの圧力　peer pressure
　２）人びとの同質性　homogeneity of population
　３）リーダーの不在　absence of leaders
　４）問題の複雑性　complexity of problem

　複雑なシステムにおいて，「状況の深刻さの認知」（perceived seriousness of problem）が増すことにより「人びとの態度」（average public attitude）は変化するが，その変化の仕方はこれらの要因に依存していると仮定する。図3-2はこれらの関係を３次元的に図示したものである。上記４要因の最も影響力の高いものを一つとるか，あるいはこれらを適宜合成することによって一つの次元で表せば，「状況の深刻さの認知」と「人びとの態度」とともに３次元のグラフとして表すことができる。４要因のレベルが低い場合には，図において奥に位置し，高い場合には手前に位置することになる。

　それぞれの位置において，断面をとると４要因のレベルが低い場合と高い場合の変化を対照的に示すことができる。図3-3左図には４要因のレベルが低い場合における「状況の深刻さの認知」と「人びとの態度」との関係が示されている。この場合，深刻さの認知が高まるにつれ，人びとの態度は徐々に変化し，例えば受動的（passive）であった態度が能動的（active）

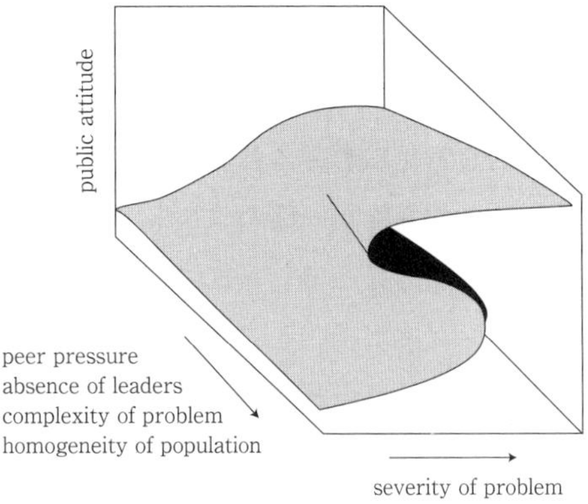

図3-2　世論の変化モデル

出所）Scheffer 他（2003）

緩やかな変化 gradual/Linear shift　　　　突然の変化 sudden/non linear shift

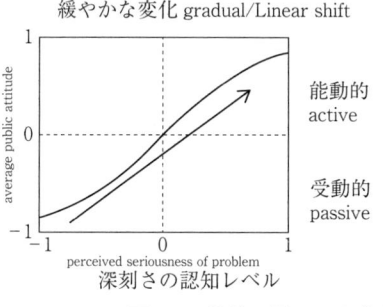
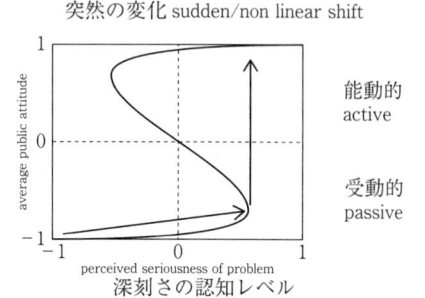

図3-3　世論の緩やかな変化と突然の変化（図3-2の断面図）

出所）Scheffer 他（2003）に基づき筆者作成

　に次第に変化する。右図には，4要因のレベルが高い場合におけるこれら2変数の関係が示されている。矢印で示される通り，深刻さの認知レベルがある水準に達するまでは人びとの態度の変化は小さい（gradual/linear shift）が，限界を超えると一気に上方にジャンプし（sudden/nolinear shift），急激に能動的になる。このカタストロフィ的な変化をもたらす点がティッピング・ポイント（tipping point）である。

　図3-4には，個人の意見と平均的な世論の乖離が，図3-3左図に基づいて示されている。社会的に見ればこの差は変化に関する潜在力であり，個人にとっては世論との乖離を認識することにより心理的ストレスの原因となる。ミクロ（個人）レベルでは，基本的に個人は保守的かつ受動的であると考えられ，一部の急進的な意見に影響される平均値と乖離することになる。個人の意見と平均的な世論との乖離が一種のコストとして個人にのしかかり，その負担に耐えられなくなったところで，一気に世論に迎合する。そのような一種の閾値としてティッピング・ポイントにおける変化は説明できる[3]。ただしこの図は，パニック的な変化の出現が外的な要因によってもたらされることをティッピング・ポイントの概念を用いて可視化したもので，あくまで理論的なものであり，実証的に導かれたわけではない。

　さらに，Scheffer（2009）およびScheffer 他（2012）は，生態系や社会のよ

56

第３章　群衆のなかの行動とメディア情報の役割

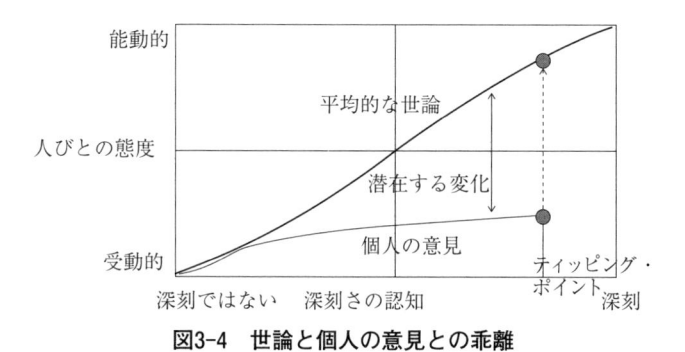

図3-4　世論と個人の意見との乖離

出所）Scheffer 他（2003）に基づき筆者作成

うな複雑なシステムにおいて，ティッピング・ポイントによって示されるような突然生じる急激な変化，すなわち臨界遷移（critical transition）と呼ばれる現象の発生の予測について理論的に説明している。システムの構成要素間の関係性に着目し，ネットワーク社会のような複雑なシステムは，それを構成する人びとが状況を共有することで相互に内的な「つながり」（connectivity）を持ち，「同質」（homogeneity）となることで特徴づけられる。

　そのようなシステムは，外的なストレスにさらされても変化しづらい（resistance to change）性質を持ち，部分的に混乱等が生じてもそれを修復する（local repairs）機能を有するが，閾値を超えたストレスにさらされると，急激な変化（critical transition）を起こしてしまう。一方，社会が小さな単位の集合体（モジュール，modularity）から成り，それぞれが異なった性質（heterogeneity）を持つ場合には，変化に対する適応能力が高く（adaptive capability），たとえ一部が失われることがあっても，外的ストレスに柔軟に対応して変化する（gradual change）。

　これらの理論は生態学（エコロジー）から発展した理論であり，生物社会の基本的な特性をよくとらえている。マスメディアによる情報の同報性は，社会を同質化させるといえる。ソーシャルメディアは，逆に小さなグループを社会に構成することによって，モジュラー化させ，異質性を増すことにならないだろうか。ティッピング・ポイントの発現に関連して，この点を次に考察してみ

57

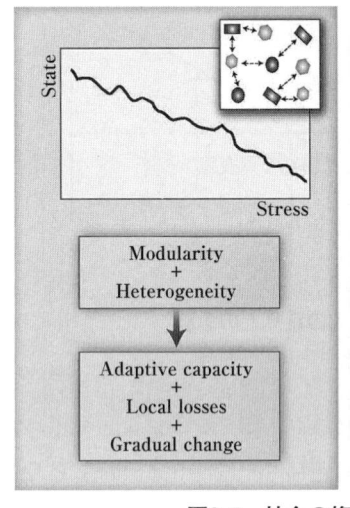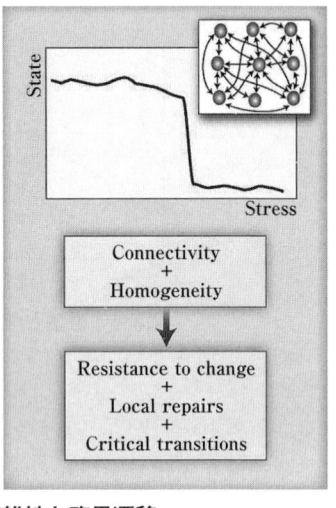

図3-5 社会の複雑性と臨界遷移

出所）Scheffer 他（2012, p. 344）

よう。

3.2 メディアとティッピング・ポイントとの関係

　メディアが提供する情報がティッピング・ポイントの発現にどのような影響を与えるであろうか。ここでは，Scheffer（2003）に示されたティッピング・ポイントの発現をもたらす4つの要因にメディア情報がどのような効果を持ちうるか，マスメディアとソーシャルメディアに分けて考察しよう。

　マスメディアは，基本的に信用すべき"公的"な情報を提供する。そのため，「周囲からの圧力」に対してはこれを減少させる効果を持つと考えることができる。「人びとの同質性」に対しては，多様な報道がなされない限り，マスメディアの同報性から共通の情報が提供されることによって，プラスに貢献するであろう。「リーダーの不在」に関しては，マスメディアの情報が世論の平準化をもたらし，公的な情報自体が権力となり，公的な意見に反するリーダーの出現を防ぐ可能性が高い。さらに，「問題の複雑性」に関しては，一般的な情

第3章　群衆のなかの行動とメディア情報の役割

報が提供されることにより，マイナスの方向に作用する。全体として，ティッピング・ポイントの発現を抑える方向に作用する，あるいは利用されるといえる。まとめると，表3-1の上段のようになる。

　他方，表3-1中段に示されるとおり，ソーシャルメディアはこれらとは逆に機能すると考えられる。すなわち，周囲の人との結びつきを強めることにより「周囲からの圧力」は強まり，また，異なるさまざまな意見が交わされることから「人びとの同質性」にはマイナスに働く。権力とは異なった意見を流通させることが可能となるため，公的な見解とは異なった多様な意見が出現する可能性は高まり，したがって「リーダーの不在」要因を助長する。混乱を引き起こすような情報（デマを含む）やときに過度の情報が提供されうることから「問題の複雑性」を増大させる。全体として，ティッピング・ポイントの発現を増長する方向に作用すると考えられる。

　すなわち，マスメディアとソーシャルメディアはティッピング・ポイントの発現に影響を与える4要因に対して，効果を相殺する方向に働くため，両者の存在は，結果として社会全体の安定性を高めると考えられる。もちろん，これらは一般的に想定しうる効果の方向性を示したものであり，事象や条件によって，結果として生じる変化の方向は異なってくる。実際にそのような状況が出現するかどうかは，実証的な検証が必要であろう。

表3-1　ティッピング・ポイントの発現要因に対するメディアの影響

	周囲からの圧力 Peer Pressure	人びとの同質性 Homogeneity of population	リーダーの不在 Absence of leaders	問題の複雑性 Complexity of problem	ティッピング・ ポイントの発現 Potential of tipping point
マス メディア	↓（信用すべき "公的" な情報 を提供）	↑（共通の情報 の提供）	↑（"公的" な情報の 提供）	↓（一般的な 情報の提供）	↓
ソーシャ ルメディ ア	↑（周囲との関 係を強化）	↓（非同質な意 見の提供）	↓（権力とは異なっ た意見の提供）	↑（混乱を引 き起こす過度 な情報）	↑
マルチス クリーン	↓?	↓?	↓?	↓?	↓?

従前，情報源はマスメディアが主であり，一つの情報の口コミなどによる拡散の範囲は限られていた。しかし，ICTの発達により，パーソナルメディアが普及し，マスメディアと機能を代替あるいは補完することによって，人びとはより多様な情報に接することが可能になった。同時に，それは相反する内容の情報に接することにもなり，個人の判断が求められるようになるのである。最近では，マスメディア自体が，自身の提供する情報の信頼性，客観性を高めるために，番組内でソーシャルメディアを活用するケースも散見される。

　東日本大震災直後は携帯電話および固定電話による通話が制限されたため，ツイッターやフェイスブックなどのソーシャルメディア情報が大きな影響力を持った[4]。これらの情報は，テレビやラジオ，サイネージを通じて提供された公的情報と相乗的に人びとの行動に影響を与えた。結果的に，首都圏主要ターミナルにおける帰宅困難者の密集状態において，パニックが起こらなかったことは，両メディアを通じた情報提供に起因するといえる。

3.3　マルチスクリーン化がもたらす影響

　近年の新たな傾向として，単一の端末に集中することなく，複数の端末を操作して情報の受発信を行うマルチスクリーン化が進んでおり，特に若者の間で顕著である。例えば，テレビを観ながらスマートフォンを使うといった現象は常態化してきている。グーグル（2012）によれば，テレビ視聴者の77％は同時に他の端末を操作しており，そのうちの約半数がスマートフォンを操作している。また，スマートフォンやタブレット，PCなど他の主要な情報機器に比べ，テレビへの集中度がもっとも低いことが示されている（図3-6参照）。マルチスクリーン時に行っている行動のトップ3はメール，ブラウジング，SNSであり，ソーシャルメディアの影響力がかなり増大してきている（図3-7参照）。NHK（2013）の調査によれば，同様に日本においても，22％のテレビ視聴者が，関連情報を探索・共有するために，ソーシャルメディアを利用しており，またNetasia Research（2013）によれば，ソーシャルメディア利用者の50％がテレビの視聴に際して，関連情報を探索・共有するためにソーシャルメディアを利

第3章　群衆のなかの行動とメディア情報の役割

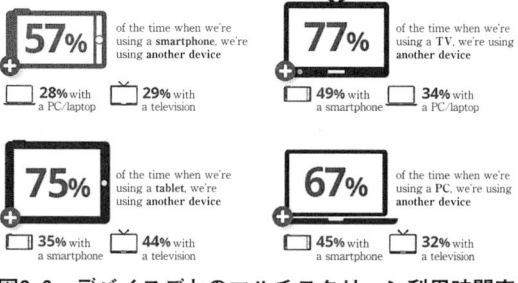

図3-6　デバイスごとのマルチスクリーン利用時間率

左上：スマートフォンを使っている時間の57％は，他の端末を操作している。
28％はパソコン・ラップトップを使っている
29％はテレビを見ている
右上：テレビを見ている時間の77％は，他の端末を操作している。
49％はスマートフォンを使っている
34％はパソコン・ラップトップを使っている
左下：タブレットを使っている時間の75％は，他の端末を操作している。
35％はスマートフォンを使っている
44％はテレビを見ている
右下：パソコンを使っている時間の67％は，他の端末を操作している。
45％はスマートフォンを使っている
32％はテレビを見ている
出所）グーグル（2012）

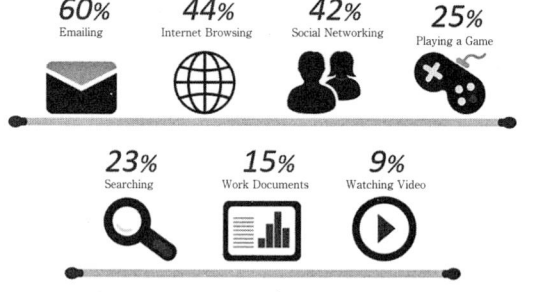

図3-7　複数の情報端末を同時に使用する際における行動

出所）グーグル（2012）

用していることが示されている。

　マルチスクリーンの概念には，複数の端末の同時（simultaneous）利用だけでなく，例えば家庭ではPCを利用し，外出時にタブレットやスマートフォン

で引き続き情報を追うといった連続（sequential）利用によるマルチスクリーンも含まれる。上記グーグル（2012）によれば，90％の利用者が，そのような行動をとることによって，自身のタスクを完成させているという。

　マスメディアとソーシャルメディアを同時に利用することによってどのような変化が生じるだろうか。一般市民が特に災害等の非常時に複数のメディアにアクセスすることの主たる目的は，より客観的なあるいは完全な情報を収集することにあるので，基本的には，一方のメディアによって満たされない部分を他方のメディアで同時あるいは連続的に補完することにあるであろう。すなわち，社会的には，図3-2におけるティッピング・ポイントの発現4要因の増大を抑える方向に働くことが予想される。すなわち，ティッピング・ポイントの発現を抑制する方向に視聴行動がとられるであろう。また，個人レベルでは，図3-4に示されている世論と個人の意見との乖離から生じる心理的ストレスを低減させる方向に作用することが，マルチスクリーンへの基本的なニーズであろう。Scheffer（2003, p. 494）によれば，個人は自身が世論から乖離することのコストと能動的に行動をとることの効用とを比較秤量することで態度を決める。個人は基本的に受動的であり，世論との乖離から生じる個人の心理的コストを減少させることが，社会におけるカタストロフィ的変化を抑制する。災害等の非常時におけるマルチスクリーン化は，その点に寄与すると期待されるのである。

第4節　帰宅困難者と群衆のレジリエンス

4.1　仮説とモデル

　「群衆のレジリエンス（collective resilience）」として紹介しているこのような社会的群衆の頑健性にメディア情報がどのように作用したか，東日本大震災直後，東京都心に滞留した帰宅困難者を対象としたアンケート調査に基づき，分析してみたい。ここでは，上記の理論に基づく仮説検証型のアプローチをとることとする。すなわち，都心ターミナルに滞留した帰宅困難者に関して，「群衆のレジリエンス」の存在仮説を立て，メディア情報取得との因果をモデル化

し，それを検証する。

　先に述べた通り，帰宅困難者の密集により，危機的な状況が生じていた。加
えて，地震による恐怖とストレスによって，パニックが起きかねない状況にな
っていたといわれる。しかし，「群衆のレジリエンス」の理論のとおり，人び
とは冷静で秩序だった行動をとっていた。したがって，密集した帰宅困難者の
間で，「群衆のレジリエンス」が存在していたと想定することができる。

　Scheffer（2009）によれば，集団の同質性と相互のつながりは2つの要因す
なわち「問題の複雑性」と「リーダーの存在」から影響を受ける。リーダーは
人びとを一つの方向に導くことが可能であり，その結果，同質性を高める。同
時に，問題がより複雑であれば，人びとはほかの人にいっそう追随するように
なり，相互依存性を増大させる。「問題の複雑性」を直接評価することは難し
いので，「状況の認知」を代理指標としてとることとする。同様に「リーダー
の存在」についても，より具体的な「何をすべきかの教示」を用いる。

　「状況の認知」および「何をすべきかの教示」という2つの要因に，通信・
メディアからの情報が影響を与える。調査では，モバイル（音声およびメッセー
ジ），モバイル（インターネット），テレビそしてラジオを通信・メディアとし

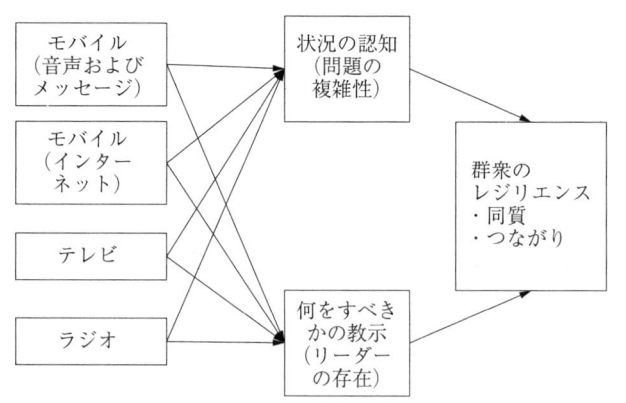

図3-8　帰宅困難者における「群衆のレジリエンス」の形成
**　　　 とメディア情報との因果フロー**

出所）筆者作成

て取り上げた。これらが「状況の認知」と「何をすべきかの教示」にそれぞれ影響を与え，結果として「群衆のレジリエンス」が形成されるという因果仮説を立てる。モデルの基本構造は図3-7のようになる。

　モデルは，構造方程式モデリング（共分散構造分析）として統計的に解析が可能である。「群衆のレジリエンス」「状況の認知」および「何をすべきかの教示」は，それら自体を直接観察することはできないので，観察可能な変数によって表される潜在変数となる。

　ここでは，Drury 他（2009）および Drury 他（2015）に従い，「群衆のレジリエンス」については次の4つの観測変数，すなわち「他の人びととの一体感」「他人からの影響」「人を助けた」「人に助けられた」によって表されると仮定した。

　「状況の認知」は「交通」「地震」「家族」それぞれについて，状況をどの程度把握していたかによって表され，「何をすべきかの教示」については，「マスメディアからの教示」と「ネットからの教示」を観測変数とした。なお，潜在変数とそれを構成する観測変数，および具体的にアンケートのなかで尋ねた質問は表3-2に示されている。また，先に述べたとおり，メディア情報源として，「モバイル（音声およびメッセージ）」「モバイル（インターネット）」「テレビ」「ラジオ」を設定し，これらからの情報が，「状況の認知」および「何をすべきかの教示」に影響を与えると仮定した。さらに，「駅員からの情報」「年齢」「性別」をコントロール変数として加えている。

　図3-8には，構造方程式モデリングによる分析モデルの構造が示されている。四角で囲まれた変数は，アンケートでデータを直接収集可能な観測変数である。これに対して，長円で囲まれた変数は潜在変数であり，分析において重要な要素であるが直接観察できず，代わりにいくつかの観測変数の合成によって内容が表現される変数である。矢印はパスと呼ばれ，方向は因果を示す。また両矢印は変数同士に相関がある，すなわち独立ではないことを示している。丸で囲まれた e は，誤差項である。

第3章　群衆のなかの行動とメディア情報の役割

表3-2　潜在変数，およびそれらを構成する観測変数とアンケート中の質問

潜在変数	観測変数	質問内容
群衆のレジリエンス	他の人びととの一体感	駅や駅前で帰宅困難となった他の人びとと一体感を持ったか？
	他人からの影響	自分の判断・行動は他の人の影響を受けたか？
	人を助けた	他の人を助けたか？
	人に助けられた	他の人に助けられたか？
何をすべきかの教示	マスメディアからの教示	マスメディアから何をするべきかという明確なアドバイスを得たか？
	ネットからの教示	インターネット，ソーシャルメディアから何をするべきかという明確なアドバイスを得たか？
状況の認知	交通	鉄道，バスなどの公共交通機関の運行状況を知っていたか？
	地震	震災の被害の規模や発生場所を知っていたか？
	家族	家族の安否を知っていたか？

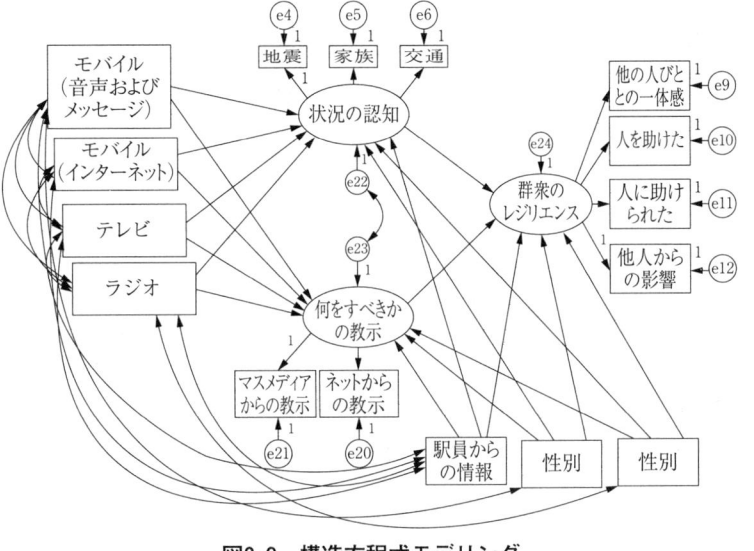

図3-9　構造方程式モデリング

出所）筆者作成

4.2　データ

分析に用いられたデータは，民間放送連盟研究所の協力を得て，オンライン調査会社を通じて実施された。2011（平成23）年3月11日に発生した東日本大震災を事例に，震災後に帰宅困難者の間で，「群衆のレジリエンス」が生じていたかを統計的に確認することを目的としてデータを収集した。

調査に用いられるサンプルは，以下の4条件を満たさなければならない。

1）当時を思い出すことができること

2）首都圏在住で，都心に通勤していること

3）都心の鉄道ターミナルや地下鉄の駅近くで帰宅困難者となり，東日本大震災の起こった2011（平成23）年3月11日に帰宅が困難であったこと

4）駅近くの混乱した状況のなかで，ストレスを感じていたこと

しかし，こうした条件を付したオンライン調査は困難なため，首都圏在住者を対象に，より広範に調査を行い，上記条件を満たすサンプルを抽出した。オンライン調査の概要は下記の通りである。

実施時期：2015（平成27）年8月

対象：関東1都6県在住のオンライン調査会社登録モニター

総サンプル数：2,073

結果的に，上記の条件を満たしたのは258サンプルであり，これらを対象に分析を行った。平均年齢は41.8歳（標準偏差14.7），最も若い回答者は16歳，最高齢は76歳，男女比は49.6：50.4であった。

4.3　分析結果

構造方程式モデリングによる分析結果からは，メディア情報が帰宅困難者の「群衆のレジリエンス」を向上させたことが統計的に確認できた。推定されたパス係数は，表3-3に示されている。相関係数と同様の解釈ができ，最大の正の関係がある場合には1を，最大の負の関係がある場合には−1の値をとる。

第3章　群衆のなかの行動とメディア情報の役割

　2つのパス「状況の認知←モバイル（インターネット）」および「状況の認知←ラジオ」については，統計的に有意ではなかった。パス「群衆のレジリエンス←状況の認知」は負の因果関係が確認され，そのほかのパスについては，正の因果関係が認められた。なお，モデルの適合性を判断するための統計量の数値から，モデルのフィットはおおむね良好といえる[5]。分析の結果を要約すると以下の通りとなる。

(1)　何をすべきかについてメディア情報が与える教示は，「群衆のレジリエンス」を高めた。

　「群衆のレジリエンス」を形成する要因として，「何をすべきかの教示」は強い正の影響力を有している。メディアから与えられた教示によって，強いストレスを受けている帰宅困難者の忍耐力が増し，パニックに陥ることを防いだといえる。

(2)　逆に，メディア情報によって状況を把握することができると，個人の判断に基づいて行動が可能となり，群衆のレジリエンスは低下した。

　「状況の認知」は「群衆のレジリエンス」の形成に負の影響を与えている。メディアから情報が与えられることによって，状況の複雑さが減少し，事情を

表3-3　パス係数（推定結果）

パス			パス係数（標準化）	有意性	結果
群衆のレジリエンス	←	何をすべきかの教示	0.834	***	強い正の影響
	←	状況の認知	−0.385	**	負の影響
何をすべきかの教示	←	モバイル（音声およびメッセージ）	0.299	***	正の影響
	←	モバイル（インターネット）	0.181	**	正の影響
	←	テレビ	0.167	**	正の影響
	←	ラジオ	0.272	***	正の影響
状況の認知	←	モバイル（音声およびメッセージ）	0.340	***	正の影響
	←	モバイル（インターネット）	−0.145	NS	確認できない
	←	テレビ	0.321	***	正の影響
	←	ラジオ	0.082	NS	確認できない

*** 有意水準 ≤ 0.01；** 有意水準 ≤ 0.05；NS＝有意ではない
出所）筆者作成

把握できると，個人の判断で行動が可能となり，その結果，群衆の結束は低下する。ただしこれが，状況を認知することによって，人びとが互いに助け合わなくなるということを意味するものではない。状況の把握によって，問題（この場合，交通が止まり帰宅が困難な状況）の複雑性が減少することによって，どう行動すべきかの判断が可能になり，他の人につられて行動するような群集心理に陥るリスクが減ったことを示している。

(3) **帰宅困難の状況において，メディア情報は，それがマスメディアから提供されたものであるか通信メディアからであるかにかかわらず，人びとに強い教示を与える。**

分析において，メディア情報源として設定した「モバイル（音声およびメッセージ）」「モバイル（インターネット）」「テレビ」「ラジオ」はすべて，「何をすべきかの教示」に対して有意に正の影響を与えている。帰宅困難者に対しては，「モバイル（音声およびメッセージ）」が最も強い影響を与え，「ラジオ」「モバイル（インターネット）」「テレビ」が続いている。2011年当時は，携帯電話による音声通話に大きく依存しており，身近な情報源として携帯電話による通話の影響を強く受けていたことがうかがえる。

(4) **携帯電話による音声通話とテレビは，帰宅困難者が状況を把握するうえで重要な役割を果たした。**

携帯電話による通話を通じて，帰宅困難者は必要とする情報をもっとも確実に得ることができ，また本章の冒頭で述べたように，当時はワンセグ放送の受信可能な端末が多数出回っていたことから，これら2つの手段が「状況の把握」に効果的であったと解釈することができる。さらに，デジタルサイネージからテレビ情報を得たことも正の影響を与えていると想像できる。本分析で「状況の把握」を構成する観測変数が「交通」「地震」「家族」についての状況把握であったため，特異的に，テレビは「交通」「地震」に関して，携帯による通話は「家族」に関して適切な情報を提供したとみることも可能であろう。

第3章　群衆のなかの行動とメディア情報の役割

第5節　おわりに

　大災害時に適切な情報の提供が重要であることは論を俟たない。本章の分析では，東日本大震災が発生した当日に，東京都心で大量の帰宅困難者が生じ，主要ターミナルではパニックが起きても不思議ではない状況であったにもかかわらず，人びとが冷静であった事実に着目した。携帯電話やインターネット，テレビ，ラジオなどのメディアを通じて情報を得られたことが冷静な行動に結びついたのではないかと考えることができる。それを客観的に確認するために，メディア情報と「群衆のレジリエンス」の形成との因果関係を仮定して，それをモデル化し，アンケート調査によって収集したデータに基づき，統計的に実証した。その結果，東日本大震災直後の帰宅困難な状況において，情報がレジリエンスを高めたことを確認することができたといえる。

　ここで紹介した分析は，情報とレジリエンスとの関係を簡略にモデル化し，また限られたサンプルデータに基づいている。そのため，当然ながら，結果の解釈と説明力の限界には留意する必要がある。

　2011年当時は，携帯電話は十分に普及していたものの，スマートフォンの普及は進んでおらず，通話の比重が相応に高く，ソーシャルメディアなどへの情報アクセスは限られていた。当時の反省として，日常生活における携帯電話への過度の依存が指摘され，発災直後の通信制御により携帯電話による通話が全国的に制限され連絡が取れない事態が発生したため，複数の連絡手段の確保や情報提供の多様性が必要とされた。他方，ワンセグ放送へのアクセスが可能となっており，テレビ放送を携帯電話で見ることができたことが，情報を獲得するうえで有用であったと考えることができる。震災から5年を経て，ネットワークの頑健化やソーシャルメディアのさらなる普及，通話への依存の低下，パケット通信の増大，スマートフォンの普及，デジタルサイネージの普及など，メディア情報の提供と獲得の方法はかなり変化してきている。

　今後発生が危惧されている大規模地震などの災害時において，いかに情報収集手段を確保するかは，命を守るうえで極めて重要である。この点については

行政の対応も求められるが、いつ発生するかわからない災害のために、新たな
システムを導入し、長期にわたって維持することは極めて困難である。生活者
ひとりひとりが、日常の生活のなかで使用されるメディアアクセス手段の多様
性、頑健性を確保することが必要であろう。

●注●
1） 尾関他（2015）では、人の「集団そのものに備わった資質」として集団のレ
　 ジリエンス（group resilience）が研究されている。チームワークに近い概念と
　 理解でき、本分析で扱うたまたま居合わせた群衆に形成される生態学的なレジリ
　 エンスとは少し概念が異なる。
2） 例えば、徳島県「テレビ・IC カードを活用した防災対策システム」では、各
　 家庭のテレビと、住民に配布した IC カードを ID によって紐づけ、テレビ画面
　 に個人名付きの避難指示を表示することで、避難意識を高める仕組みを導入して
　 いる。http://www.soumu.go.jp/main_sosiki/joho_tsusin/top/local_support/ict/
　 data/650/bp2014007-02.pdf
3） ティッピング・ポイントは、その意味において、ネットワーク外部性が存在
　 するときに一定の利用者数を集めると利用者数が自律的に増加する「クリティカ
　 ルマス（critical mass）」現象と類似している。
4） 東日本大震災時のツイッターの利用状況は Flickr にある。
　 https://www.flickr.com/photos/twitteroffice/5884626815/in/photostream/
5） モデルの適合性を示す統計量は以下の通りである。
　 CMIN/DF = 1.812；CFI = 0.949；GFI = 0.936；AGFI = 0.890；SRMR = 0.05；RM-
　 SEA = 0.056；PCLOSE = 0.234

●引用・参考文献および資料●
尾関美喜・米澤香那子・根ヶ山光一（2015）「できごとの頻度・危険度とそれに対
　 する集団のレジリエンス」『社会心理学研究』第31巻第 1 号、pp. 13-24
　 https://www.jstage.jst.go.jp/article/jssp/31/1/31_858/_pdf.
神戸大学都市安全研究センター・大学院工学研究科建築学専攻　安全都市づくり研
　 究室（2001）「朝霧歩道橋群集なだれ事故経過」
　 http://www.research.kobe-u.ac.jp/rcuss-usm/news/2001/akashi/keika.html
日本社会心理学会論文ニュース（2015）「集団はいかに危機を乗り越えるのか？」
　 http://www.socialpsychology.jp/ronbun_news/31_01_02.html
フジニュースネットワーク（2012）「FNN 東日本大震災アーカイブ」（2012年 9 月
　 1 日公開）、http://www.fnn-news.com/en/311/kanto/articles/201103110049.html

第3章　群衆のなかの行動とメディア情報の役割

Drury, J., Cocking, C. & Reicher, S. (2009) "The nature of collective resilience: Survivor reactions to the 2005 London bombings", *International Journal of Mass Emergencies and Disasters*, 27(1), pp. 66-95.

Drury, J., Novelli, D. & Stott, C. (2015) "Managing to avert disaster: Explaining collective resilience at an outdoor music event", *European Journal of Social Psychology*, 45(4), pp. 533-547.

AFP BB NEWS (2015)「巡礼者圧死，サウジの安全対策に疑問符『事故前から人々が失神』」，2015年9月25日，http://www.afpbb.com/articles/-/3061179

Google (2012) "The New Multi-screen World : Understanding Cross-platform Consumer Behavior", https://ssl.gstatic.com/think/docs/the-new-multi-screen-world-study_research-studies.pdf

Gladwell, M. (2000) *The tipping point: How little things can make a big difference*, Little Brown and Company.

Mitomo, H., Otsuka, T. & Kimura, M. (2015) "The Role of media and ICT to motivate people to take post-quake recovery action: an evidence of the 'Pythagorean effect'", in Mitomo, H. et al., eds. (2015), *The Smart Revolution Towards the Sustainable Digital Society: Beyond the Era of Convergence*, Edward Elgar, pp. 140-157.

Netasia Research (2013)「テレビとソーシャルメディアの関係性〜テレビCMが届く，響く，拡がる，ソーシャルテレビ人〜」
http://www.mobile-research.jp/investigation/research_date_130425.html

NHK (2014)「NHKスペシャル」震災BIG DATA（ビッグデータ）　File. 3　"首都パニック"を回避せよ」，NHKオンデマンド

NHK (2013)「デジタル時代の新しいテレビ視聴（テレビ60年）調査の主な結果について」NHK放送文化研究所
Http://www.nhk.or.jp/bunken/summary/yoron/broadcast/pdf/130207.pdf

NHK (2011)「NHKスペシャル　巨大津波　その時ひとはどう動いたか」NHKオンデマンド

Peary, B. D., Shaw, R. & Takeuchi, Y. (2012) Utilization of social media in the east Japan earthquake and tsunami and its effectiveness, *Journal of Natural Disaster Science*, 34(1), pp. 3-18.

Scheffer, M., Westley, F. & Brock, W. (2003) "Slow response of societies to new problems: causes and costs", *Ecosystems*, 6(5), 493-502.

Scheffer, M. (2009) *Critical transitions in nature and society*, s.l.: Princeton University Press.

Scheffer, M. et al. (2012) Anticipating critical transitions, *Science*, 338 (6105), pp. 344-348.

Schelling, T. C. (1971) "Dynamic models of segregation", *Journal of mathematical sociology*, 1(2), 143-186.

＊本文脚注を含め，すべてのウェブサイトは，2016年4月6日にアクセスできることを確認済みである。

第4章 「世間の人はテレビを信用しているが自分は…」
～テレビ信用度に関する第三者効果の検証

渡邊　久哲

第1節　はじめに

　人々は「テレビ」をどのくらい信用しているのだろう。「あなたはテレビが言うことを信用していますか」と正面から質問すると大半の人は「信用している」または「まあ信用している」と答える。しかし，ひとたびテレビ番組のヤラセ，「過剰演出」，誤報などが表面化すると「最近のテレビは信用できない。そもそもどのテレビ局もお笑い芸人をひな壇に並べて同じような番組ばかりやっている。何とかならないのか。作り方がいい加減だ」ときびしい意見が噴出する。総体としては信用するが，個々の番組内容や番組制作姿勢に対してはいろいろ不満があるというのが実情ではないだろうか。

　地上波テレビのデジタル移行が完了し，BS テレビ，CS テレビの多チャンネル化も進んだ今，多様なプレイヤーが動画配信産業や映像コンテンツ産業に新規参入しつつある。海外からも Hulu に加えて2015年秋からは Netflix の定額サービスや Amazon のプライム会員向け見放題サービスも始まっており，日本の動画視聴者争奪戦はし烈さを極めている。

　既存テレビ局の経営環境は厳しくなる一方だが，そんななかでテレビ局経営者が生き残りのための「経営資源」の1つとして重視するのが「視聴者からの信頼」である。特に地方のテレビ局にとって「地元視聴者からの信頼」は，局員の取材力や番組制作力あるいは放送免許にもまして重要な経営資源と認識さ

73

れている。長年築き上げた報道機関として視聴者の信頼を背負っており，新参者の「娯楽系」映像ビジネス産業などとは一線を画しているというわけだ。

　視聴者にとってテレビは，手軽で身近な娯楽であると同時に社会生活を送るために不可欠な種々の情報の源でもある。テレビを見ることで視聴者は，今日一日の出来事，世間の話題，注目すべき社会問題，政治的争点などを知ることができる。テレビ局という報道機関のフィルターを通したそれらの情報は，今何を知るべきか，それは望ましいことか避けたいことかなど，種々の争点や話題に対するイメージ形成や判断の目安にもなる。一言でいえば，テレビとは「世の中を評価して伝えるシステム」である。ニュース番組では現政権への評価や政治家の発言・行動への評価が，ワイドショーでは芸能人の立ち振る舞いや素行に対する評価と犯罪等反社会的行為に対する断罪がなされる。視聴者に対して，これらは○○政権は望ましい，危険ドラッグに手を染めてはいけない，高齢者の運転は危険だ，不倫はいけない等社会規範の確認と強制でもある。テレビの番組で「今原宿では××が流行だ」と報じれば，そのこと自体がその現象を「現在の流行」と認定することになる。またタレントＭが最近各局のバラエティに頻繁に出演するようになると，視聴者は「今はＭが旬だ」と判断する。

　テレビはマス・メディアとして最大の情報提供者であるのみならず，意識するしないにかかわらず，世の中のできごとに評価を下して伝えるシステムである。そして，テレビ局が世の中で存在感を持ってそのシステムを機能させるためには，テレビ自身が人々から信頼される必要がある。

　人びとはテレビをどの程度信用（≒信頼）しているのだろうか，あるいはしていないのだろうか。その理由は何だろう。居住地域，性別，年代等によって人々のテレビ信用度はどう変わるのだろう。テレビ満足度，テレビは必要だという意識，テレビ局のニュース編集行為に対する意識などさまざまな意識とテレビ信用度との関係はどのようなものだろう。

　テレビに対する「視聴者からの信用」は視聴者の心のなかにあって目に見えないものである。本研究においては2015年12月に全国調査を行い，テレビ信用度をはじめとする上述のテーマに関連するさまざまな変数を測定し，分析を行

第4章 「世間の人はテレビを信用しているが自分は…」

った。

　調査は㈱日本リサーチセンターのオムニバス・サーベイ（NOS）に相乗りして行った。調査の概要は，以下のとおりである。

調査時期：2015（平成27）年11月27日（金）〜12月9日（水）

調査対象：全国15歳〜79歳，男女個人

サンプルサイズ：1200

サンプリング方法：住宅地図データベースから世帯を抽出し，個人を割当て
　　　　　　　　　　1地点6人抽出×200地点

実施方法：契約調査員による個別訪問留置調査

質問一覧と単純集計：巻末参照

　質問作成に当たってテレビ「信用」とするか「信頼」とするか迷ったが，今回の調査では「信用」を使った。どちらも核になるのは「テレビで放送する内容が間違ってはいないと判断する」という意味だが，他のメディアとの比較判断をさせる調査では，無条件に「頼る」というニュアンスまで含む「信頼」よりも「信用」の方が軽くてなじみやすいように感じたためである。

　また今回は，NHKテレビと民間放送テレビを分けずに一括して「テレビ」として聞いている。ただし，なかには質問の目的によってスポンサーの存在を前提にした選択肢なども混在している。

第2節　他者（＝世の中の一般の人びと）はテレビを信用していると思うか（10段階評価）

　テレビが世の中でどのくらい信用される存在だと思うかを評価させるため，「あなたは，世の中の一般の人びとが，テレビをどのくらい信用していると思いますか」，という問いを立てた。「1」（まったく信用していない）から「10」（完全に信用している）まで10段階の選択肢で回答してもらい，テレビ信用度を測定した。結果の分布は，図4-1のとおりである。最頻値は5，中央値は6，平均

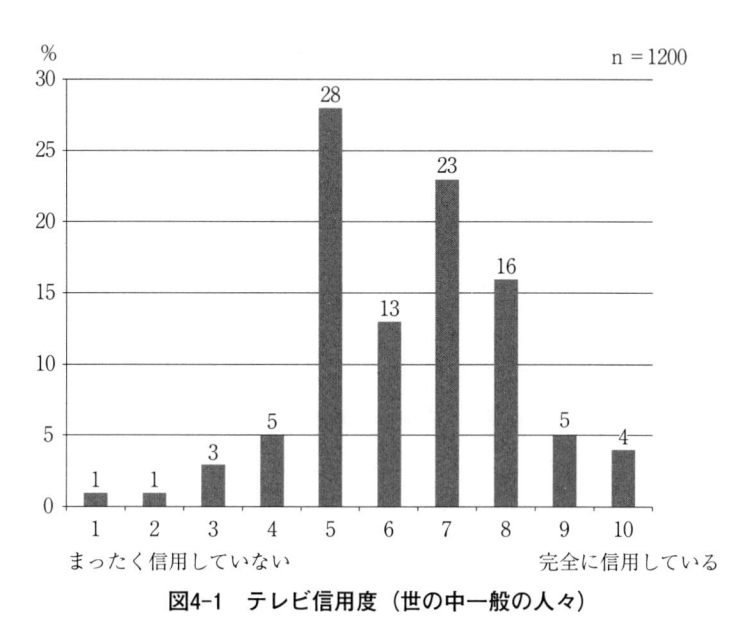

図4-1　テレビ信用度（世の中一般の人々）

値は6.3であった。図4-1のとおり「６」がやや谷になっているものの，回答者の８割が５〜８の間に分布している。

　回答傾向に性別および年代による統計有意差はみられなかった。

　男女ともに平均値は6.3であり，年代別の平均値は10代（15〜19歳），20代，30代…70代まで，6.5，6.3，6.2，6.5，6.3，6.0，6.3とばらつきが少ない。スマートフォンをもっとも身近なメディアと考え，テレビとは距離ができつつあると言われる10代20代の若年層も中高年層とさして変わらぬ傾向であった。また，職業分類（農林漁業，商工自営，自由業，管理職，事務・技術職，労務・技能職，パート・アルバイト，主婦専業，学生，無職の10カテゴリー）ごとの平均値の差についても統計的有意差はない。

　統計的に有意だったのは，地域，家族人数，最終学歴の３項目である。地域は全国を北海道・東北，関東，中部・北陸，近畿，中国・四国・九州の５地域にわけて居住地域を尋ねたものだが，平均値は順に6.5，6.4，6.2，6.0，6.2と北海道・東北地区や関東で高く近畿地区で最も低く，統計的に有意である。（p＜

.05) 近畿とは大阪を中心とするエリアだが，ここで「世の中の人びとはテレビをそれほど信用していないだろう」と思う傾向が他地域よりも強いということで興味深い。念のため都市規模（21大都市，15万以上の都市，15万未満の都市，郡部の4カテゴリー）による差も調べたが有意差は認められず，あくまで地域的な差といえる。

　家族人数でも，はっきりと有意差がみられた（$p<.01$）。家族人数1人，2人，…6人以上のそれぞれについて，平均値は5.9，6.1，6.4，6.5，6.5，6.5である。家族人数の多い世帯の人の方が，世の中の人はテレビを信じていると強く推測する傾向がある。

　面白いことに最終学歴も有意（$p<.05$）であった。現在学生である層（職業分類で「学生」と回答した層）および無回答を除いた1103名を対象に分析したところ，中卒，高卒，各種専門学校卒，短大卒，大学卒・大学院修了の5カテゴリーで，中卒が6.0ともっとも低く，以下6.2，6.1，6.4，6.6と学歴が高くなるほど信頼度が上がる。つまり高学歴者ほど世の中の人びとはテレビを信じていると考える度合いが強くなるのだ。これにもし「自分自身はテレビを信じない」という傾向が加わって，高学歴者ほど「自分はテレビなんか信じないけど，世の中の（「単純な」といったら言い過ぎか）人たちはテレビ信じているだろう」と考える傾向が強くなることが明らかならば，マス・メディアの第三者効果の一種ということができるのではないだろうか。

　第三者効果とはデイヴィソンが1983年に提唱したマス・メディア効果仮説で，マス・メディアへの接触において説得的メッセージにさらされた人は，自分自身よりも他者のほうがより大きな影響を受けると考え，かつその考えに基づいて行動するというものである。今回扱っているのは，テレビ総体に対する信用度であるが，上述のとおりテレビが世の中のさまざまな事象に対して評価を下すシステムであるという前提に立つなら，テレビは絶えず視聴者に対して一種の説得コミュニケーションを行っているともいえよう。第三者効果に関しては，後にデータ検討を試みる。

第3節　あなたはテレビを信用しているか（10段階評価）

　あなたご自身（＝回答者）はテレビをどのくらい信用していますかという質問を同様の回答形式で尋ねた結果が図4-2である。こちらも同じく最頻値は5だが，世の中の一般の人々を推測させたときよりも，回答が5に集中している。また中央値も5，平均値は5.4と，全体としては世の中の人びとの信用度を推定させた時に比べて低めである。つまり，対象者全体について，第三者効果がみられるのである。

　男女別では，男5.1，女5.8で男性よりも女性の方がテレビ信用度は高い。（p＜.01）

　年代別でも有意差（p＜.01）があった。10代（15〜19歳）から70代に向けて，順に5.8，5.0，5.2，5.7，5.5，5.4，5.9であり，20代30代で低く，10代70代の両端で高い。

　職業による違いも有意（p＜.05）で，主婦専業5.8，無職5.7，管理職5.6で信頼

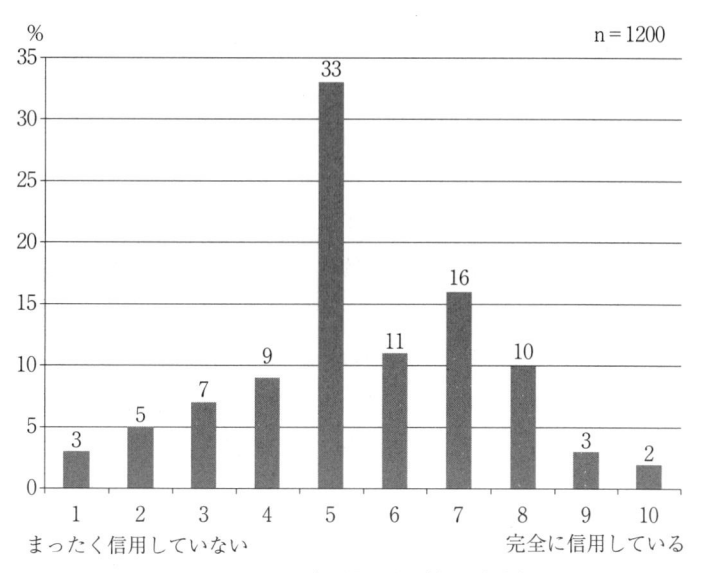

図4-2　テレビの信用度（自分自身）

第4章　「世間の人はテレビを信用しているが自分は…」

度が高かった。なお，本調査で「無職」に分類されているのは，実は70代60代の年金生活者がほとんどである。また，低いのは自由業4.6，労務・技能職5.1などである。

　地域別にも差は有意（p＜.05）で，北海道・東北5.7，関東5.5，中部・北陸5.5，近畿5.1，中国・四国・九州5.4の順。北海道・東北で高く，近畿で低いという分布は，「世の中の人びととの信頼度」を推測させた時と同様である。

　ただし，家族人数や最終学歴による有意差は認められなかった。

　そしてこれらをふまえて，全体（つまり図4-1と図4-2）を重ね合わせてみたのが図4-3である。自分自身のテレビ信用度の方が世間一般の人々の信頼度（推測値）よりも低くなっている。つまり，自分は世の中の人ほどはテレビを信用していないという意識の現れである。

第4節　テレビ信用度の第三者効果

　次に，個々の回答者について，（世の中の一般の人びととのテレビ信用度）−（自分

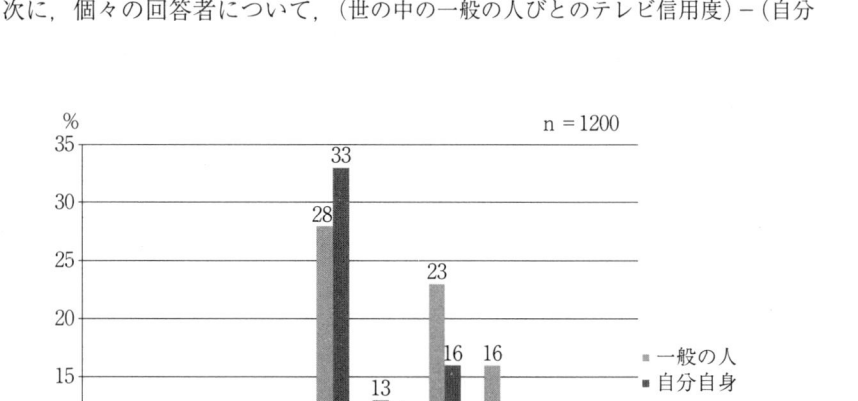

図4-3　テレビ信用度（世間一般の人と自分自身）

79

自身のテレビ信用度）を算出した。自分よりも世間一般の方がテレビを信用しやすいと考える度合いであり，これをテレビ第三者効果度と呼ぶことにした。

　図4-4はテレビ第三者効果度の分布図である。最頻値は0である。これは世間一般のテレビ信頼度と自分自身のテレビ信頼度が一致している層で，全体の50％を占める。しかしグラフは左右対称にならず，右に裾を引く形をとっている（歪度1.415）。全体平均は0.85，最小値は−4で，最大値は10。テレビ信用度10とはつまり自分は全くテレビを信用しないが，世間の人はテレビを完全に信用しきっていると考える人であり1名いた。

　テレビ第三者効果度は，属性別には，性別，年代，職業，学歴で明確な有意差（p＜.01）が見られた。

　性別では男平均1.15，女平均0.55と大きく開いた。男性の方が「世間の人たちはテレビを信じているようだが自分は違う」という意識が強いのだ。また，年代別にみても10代から70代まで，0.72，1.34，1.01，0.86，0.92，0.66，0.45と明確な差が認められ，20代30代におけるテレビ第三者効果が顕著である。

　職業別では，自由業2.22，管理職1.07，事務・技術職1.11，労務・技能職1.02，

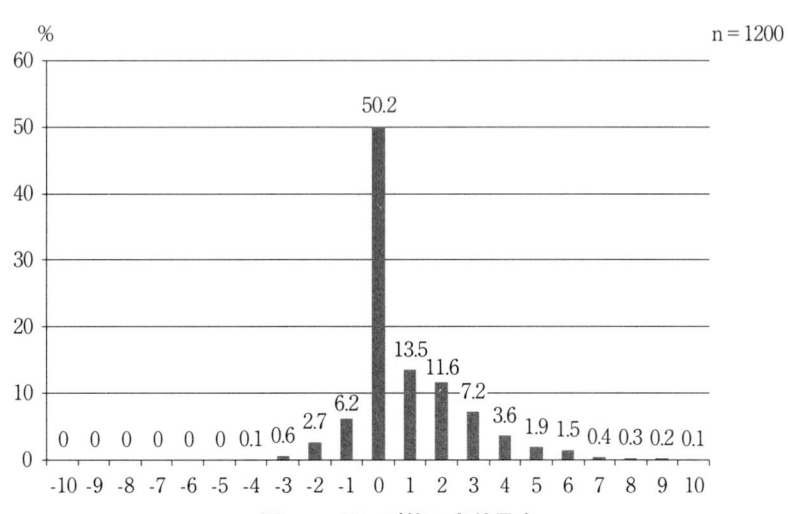

図4-4　テレビ第三者効果度

農林漁業1.05と正規の有職者が軒並み高めで，主婦専業0.46，無職（≒年金生活者）0.56，パート0.68などで低い。学歴差も明らかで，大卒・大学院修了が1.39と最も高く，短大卒0.74，専門学校卒0.75，高卒0.70との間に差がついている。

　回答者自身のテレビ信用度とテレビ第三者効果度との関係を見た。テレビ信用度を高位層（6〜10），中位層（5），低位層（1〜4）の3段階に分けてクロスしたところ，テレビ第三者効果度は，それぞれ高位層0.08，中位層0.73，低位層2.33と明確な差があった。テレビ信頼度低位層，つまりテレビをあまり信用していない層ほど，世間の人びとは（自分よりも）テレビを信用していると考える傾向が強い。

　ちなみに，自分自身のテレビ信用度（3段階）と世間一般の人びとのテレビ信用度の関係をみると，高位層7.3，中位層5.7，低位層5.2と自分自身のテレビ信用度が高い層で世間一般の人びとのテレビ信用度を高く推測する傾向がある。

　自分自身はテレビを信用していないけれども，世間の多数の人びとは少なくても自分よりはテレビを信用していると感じているということは，世の中を評価するシステムとしてテレビは自分が思うよりも機能していると考えているわけだ。そして，彼らはそのことを前提に行動する，というのが第三者仮説である。どんな行動をとるのだろう。世の中の人びとはテレビを信用しているのだから，あえて自分はテレビを信用しないなどと発言して波風を立てるのは得策でないと考え，同調するのが一般的ではないだろうか。

　しかし，これは認知的には不安定な状況ともいえる。テレビに対して自分も他者（＝世間の人びと）と同様の評価をする方が認知的に安定であり，そういう方向に力が働きやすいともいえよう。今後，テレビ信頼度低位層の他者認知については，変化に注目したい。

第5節　世の中の人びとがテレビを信用する理由

　では，テレビを信用する場合，その理由はどの辺にあるのか。調査では，世の中の一般の人びとの場合と自分自身の場合，それぞれについて質問をしている。

前者の結果の単純集計値が図4-5である。質問文は「世の中の一般の人びとが，テレビを信用する場合，その理由はどのような点にあると思いますか。あてはまるものをすべてお答えください。（○はいくつでも）」とした。

「多くの人びとが共感して見ている点」と「災害や事故等の際，信頼できる情報を提供する点」がともに51％で最高値。「災害や事故…」はテレビの社会インフラとしての位置づけを裏づけるものと納得できるが，「多くの人びとが…」は皆が見るから見るのだろうという同語反復的なものである。3番目に多いのは「有識者や専門家の意見を報道する点」（41％）であり，第4位の「ニュースキャスターやアナウンサーなどが顔を出して伝えている点」（27％）とは14ポイントと大きく水をあけた。

第6節　自分自身がテレビを信用する理由

では自分自身がテレビを信用するのはなぜか（図4-6参照）。「災害や事故等の際，信頼できる情報を提供する点」46％が断然トップで「有識者や専門家の意見を報道する点」34％，「多くの人びとが共感して見ている点」33％が続く。

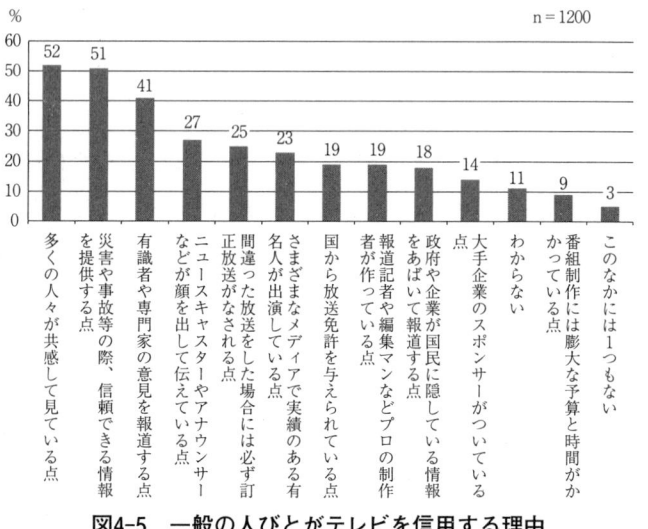

図4-5　一般の人びとがテレビを信用する理由

第4章　「世間の人はテレビを信用しているが自分は…」

順序は違うもののベスト３の項目は「世の中の人びとがテレビを信用する理由」
と共通である。

　この他，ニュースキャスターやアナウンサーの顔出し（19%），メディアで
実績ある有名人の出演（15%）など画面を通して信頼を感じるという意見や国
からの放送免許（13%）や大手企業スポンサーの存在（７%）など制度や経営
基盤的なところに信頼の根拠をおく意見，さらには「報道記者や編集マンなど
プロの制作者」（15%），「政府や企業が隠している情報をあばいて報道」（15%）
といったジャーナリズム機能に根拠をおく意見と，信用の根拠は種々に分散し
ている。12項目の単純集計値は，図4-6のとおりである。

　これらの項目のそれぞれについて，回答者属性（性別，年代，職業，家族人数，
学歴，地域，都市規模）との関係をみた結果一覧が表4-1である。性別，年齢な
どは，もともとテレビ信頼度と関係のある項目において有意差が出やすいと推
測できるが，データを読む目安とするために統計検定にかけた（◎：p<.01，○：
p<.05）。

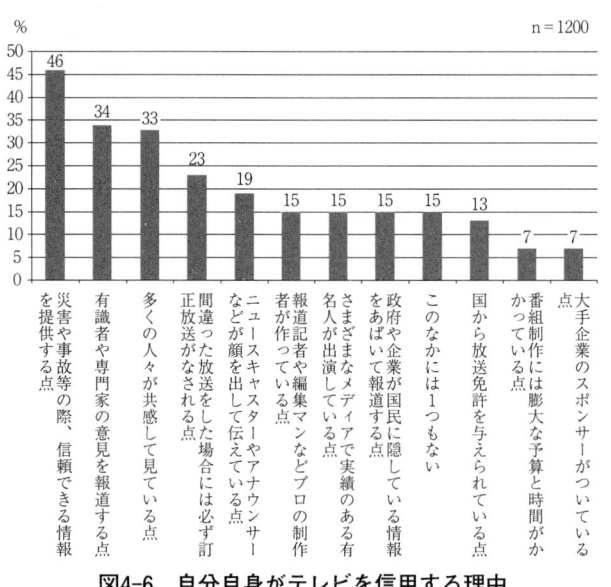

図4-6　自分自身がテレビを信用する理由

「災害や事故等の…」の回答率は，男性（41%）よりも女性（50%）で高い。年齢的には，10代から70代まで10歳ごとに，31%，36%，33%，43%，50%，58%，59%と加齢とともに段階的に増える。職業は，主婦専業（60%）や管理職（53%）で高め，自由業（30%）や学生（26%）で低めという結果である。家族人数は2人（53%），3人（49%）の少人数家族で高め。いずれも統計的に有意（p<.05）である。ただし，地域や都市規模あるいは学歴とはまったく関係

表4-1　自分自身がテレビを信用する理由と諸属性の関係

	性　別	年　代	職　業	家族人数	最終学歴	地　域	都市規模
多くの人々が共感して見ている点	◎			◎	◎		
国から放送免許を与えられている点		◎	○				
番組制作には膨大な予算と時間がかかっている点		○					
大手企業のスポンサーがついている点							
ニュースキャスターやアナウンサーなどが顔を出して伝えている点		◎	◎				
報道記者や編集マンなどプロの制作者が作っている点							
さまざまなメディアで実績のある有名人が出演している点	○						
有識者や専門家の意見を報道する点		◎	◎				
間違った放送をした場合には必ず訂正放送がなされる点	◎	◎	◎		◎		
災害や事故等の際，信頼できる情報を提供する点	◎	◎	◎	○			
政府や企業が国民に隠している情報をあばいて報道する点		◎	◎				
このなかには1つもない	◎	◎	◎		○		

○：有意　p<.05
◎：有意　p<.01

第4章　「世間の人はテレビを信用しているが自分は…」

がなかった。

　「有識者や専門家の意見を報道する点」は男女間で差がない。年齢では10代から70代まで10歳ごとに25％，25％，25％，35％，34％，43％，46％と10〜30代までは低く，40代以降とくに60代％70代で跳ね上がる。職業では管理職（42％）と主婦専業（43％）が高い。いずれも統計的に有意（p＜.05）である。

　一方，性別，学歴，家族人数，地域，都市規模とはまったく関係がない。

　「多くの人びとが共感して見ている点」は，男28％，女39％と女性で有意に高いが，年代による差はまったくみられない。若者であろうが中高年であろうがほぼ3人に1人が「多くの人が共感して見ている」ことを，自分がテレビを信用する理由としてあげている。ただし学歴的には大卒・大学院修了の高学歴者ではこの割合が低くなる（p＜.05）。また職業，地域と都市規模は関係がなかった。

　「有識者や専門家の意見」「訂正放送」「ニュースキャスターやアナウンサーの顔出し」「政府や企業が隠す情報をあばいて報道」「国から放送免許」の項目は年齢，職業が有意である。年齢では70代60代の高齢層，職業では無職（≒年金生活者），主婦専業，管理職が軒並み高いことから，これらの項目が高齢層のテレビ信頼理由であることが推測できる。

　もともと10代と60代70代の高齢層とでテレビ信頼度は有意に高くなる傾向があるのだが，テレビがオールドメディア扱いされる昨今，信頼理由については70代60代の高齢層でのみ明確に高いという結果は気になる。つまり，今回の質問紙調査では10代層のテレビ信用理由が見つからなかったのだ。

　世間の人びとがテレビを信用する理由と自分自身が信用する理由のズレを図4-7に示した。すべての項目において自分自身が信用する理由のほうが低い。これも第三者効果の現れといえようが，なかでも最もズレが大きいのは，「多くの人びとが共感して見ている点」である。多くの人が見ている，つまりマス・メディアであるということ自体が，世間の人びとがテレビを信じるもっとも大きな根拠になっているのではないかと推測しているのだ。そして，自分自身が信用する理由でも，僅差で3番目にある。ただ，その差が大きい。

85

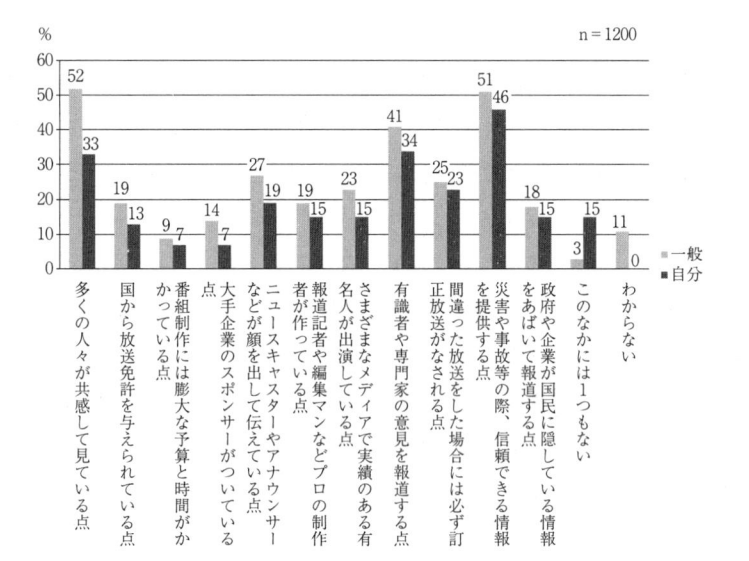

図4-7 テレビを信用する理由（一般／自分）

第7節　テレビに対するさまざまな意識とテレビへの信用度

　調査では，テレビは必要か，テレビの目的は娯楽か情報か，テレビ局が編集したニュースがよいのかそのままネットで流すのがよいのか，さらにはテレビ満足度といった意識項目も質問している。以下に，これらの項目とテレビ信用度・テレビ第三者効果度との関係を見ていこう。

7.1　テレビの必要性と信用度

　今回の調査でテレビに対して不満であるとの評価は44％にも達したが，ではテレビの必要性については，「必要」46％，「どちらかといえば必要」38％で併せて84％にも達している。不満はあっても圧倒的多数が必要性を認めている。「不要」6％，「どちらかといえば不要」9％を併せても15％にとどまる。必要度は女性の方が高く，年齢別には20代30代で必要性認識の低さが目立つ（いずれも p＜.05）。

86

第4章 「世間の人はテレビを信用しているが自分は…」

テレビの必要性について「必要」と回答した層から順に，テレビ信用度は，6.1，5.3，4.2，3.4であった。こちらもグループ間の差は統計的に有意（p<.01）で，必要性を高く認識する層ほど信用度も高い。ただし，こちらも因果関係の方向性は特定できない。

一方，テレビ第三者効果度は，順に0.56，0.73，1.58，2.85と，テレビの必要性を感じない層ほどテレビ第三者効果が高いという解釈しやすい結果が得られた。

7.2 「テレビは娯楽か，情報か」と信用度

「テレビは娯楽のためか，情報のためか」という問いに，「娯楽」16%，「どちらかといえば娯楽」47%，「どちらかといえば情報」29%，「情報」7%という回答分布である。

テレビ信用度の平均値は，「娯楽」と回答した層で5.5，以下順に5.4，5.6，5.1であり有意差はない。テレビを娯楽媒体とみなすか情報媒体とみなすかでテレビ信用度が異なることはないのである。テレビ信用度は，面白さを求めるのか知識情報を求めるのかはといった話とは別次元のようだ。

一方，テレビ第三者効果度については，順に0.63，0.50，0.92，2.02という結果で，テレビは情報を得るためのものと考える層で明確に高い。第三者効果という意味で，テレビを情報媒体と捉える層から厳しい目を向けられていることがうかがえる。

7.3 「編集」派か「そのまま流す」派かとテレビ信用度

報道は，テレビの中心的な機能である。報道機能とは詰まるところ，世の中の現象・事件・出来事のなかから何が伝えるべき事であるかを選別して送り出すゲイト・キーパーの役割である。具体的には報道局の編集作業がそれにあたる。広く捉えれば，番組企画の作成にあたって，何をテーマにして何をテーマにしないかという検討作業も広義のゲイト・キーピングといえよう。

しかしながら，ネットメディアが発達した昨今，たとえば政治家の発言や事

件の成り行きなどに関して，テレビ局の編集過程を経ない動画のほうを好むという意見を耳にすることも少なくない。報道機関としてのテレビのフィルターを通さずに「事実」を見たいという欲求である。政治家のなかにも，テレビ局のニュース番組ではなく，ニコ生等のインターネット動画での情報発信を望む声も出てきている。

これはある意味で報道機関としてのテレビの根幹にかかわる動向であり，看過できない。

今回の調査では政治家の会見に例をとり，それは「テレビ局が編集した解説つきのニュースで見るのがよい」か「全体をありのままネットで流すのを見るのがよい」か，を聞いた。

編集したテレビニュースを見たいか，ネットでありのままを見たいかは，政治に対する事前の知識量やネットリテラシーも絡む問題である。今回の調査では，政治家の記者会見を見るにあたってテレビ局が編集した解説つきのニュースがよいか，全体をありのままネットで流すのを見るのがよいかを選ばせた。テレビは放送枠に編成上の時間的制約があるので，オンエアには編集作業が不可欠である。テレビ局の報道部員等の判断で政治家の発言の必要な部分をつなぎ合わせ，不必要と考えた部分を削除してテレビのニュースを構成するのである。これに対してネットでは無制限に「中継」することも可能である。どちらがよいかという問いに対する回答分布は，「編集したニュース」10%，「どちらかといえば編集したニュース」45%，「どちらかといえばネットで全体を流すもの」28%，「ネットで全体を流すもの」15%となった。

テレビ信用度の平均値は，「編集したニュース」と答えた層で6.1，以下順に5.7，5.4，4.4であり，4層間の差は統計的に有意（$p<.01$）である。当然ながらテレビ局の編集したニュースを好む層は，テレビへの信用度が有意に高い。

テレビ第三者効果度は，順に0.63，0.50，0.92，2.02とこれも明確に「ネットでありのまま」を好む層でテレビ第三者効果が非常に高いことが確認できた。

第4章　「世間の人はテレビを信用しているが自分は…」

7.4　テレビ満足度とテレビ信用度

テレビへの満足度とテレビ信用度の関係を見た。満足度は，今のテレビに「満足」9％，「どちらかといえば満足」45％，「どちらかといえば不満」30％，「不満」14％という結果だった。「どちらかといえば」という中間寄りの2グループを両側に分けると，満足派と不満派は54％対44％とかろうじて満足派が上回った。

満足度は，女性の方が高かった。年代差も有意だが，10代40代50代70代で高く，20代30代および60代で低くなった。家族人数との関係も同様に有意で，人数が多いほど満足度の高くなる傾向が明確だった（いずれも p<.05）。

満足度のレベル別でみるとテレビへの信用度は，満足度の高い方から順に6.9，6.0，5.0，3.9と，当然ながら満足度の高いグループの方が信用度も高く，グループ間の差は統計的に有意である（p<.01）。

テレビ第三者効果度も同様で，0.14，0.49，0.92，2.33とテレビに不満を持っている層で第三者効果が非常に高い。世の中の人はテレビを信用しているけれど，自分は信用しないという傾向が非常に強いのである（p<.01）。

7.5　テレビへの不満理由とテレビ信用度の関係

次には，逆にテレビへの不満の理由を聞いた結果は以下のとおりである。選択肢から選んでもらった。選択肢は視聴者インタビューを重ねた際に繰り返し現れた発言を整理した7項目を用いて，複数回答可にした。全体的にはまあ信用しているといっても，さまざまな点について聞いてみると，「総論信用，各論不信」という実態が浮かび上がる。7項目の単純集計値は，以下のとおりであるが，とくにヤラセ・捏造に関しては3人に2人の高率である。

① ヤラセや捏造がある　66％

② どの局も同じようなタレントのお笑い番組を放送する　45％

③ 少数意見を無視する傾向がある　30％

④ 取材が浅く本質に迫っていない報道が多い　27％

⑤ 海外のテレビで報道しているニュースを報道していない　19％

⑥　政府の発表をそのまま報道する　15％

⑦　インターネットの情報と食い違うことがある　12％

　これらの事柄によってテレビの信用が揺らぐ可能性があることは想像に難くないが，データで検証しても上記7項目中5項目がテレビ信用度と有意な関係にあった。有意差（p＜.05）は①④⑤⑥⑦で認められた。これら不満や不信がどういった属性の回答者から強く持たれているのか，回答者属性（性別，年代，職業，家族人数，学歴，地域，都市規模）との関係を統計検定した結果一覧が表4-2である。表中の記号の意味は，表4-1と同じである。

　「ヤラセや捏造」66％と関係があったのは年代のみであった。40代（71％）にゆるやかなピークがあった。意外にも70代（54％）がもっとも低かった。その他は性別，学歴などすべての属性において有意差はなかったが，これは属性に関係なく「ヤラセや捏造」はテレビ信用度に悪い影響を与えるためと解釈できよう。

　「どの局も同じようなタレントのお笑いばかり」（45％）という不満は，女性，60代70代，商工自営，自由業，主婦専業，無職（その多くが年金生活者），家族人数2人の層で高い。家族人数2人は，他属性から推測するにおそらく高齢夫婦の可能性が高い。

　「少数意見を無視する傾向」（30％）は，学歴と有意で，大卒・大学院修了（35％）が高かった。その他の属性とは無関係だった。

　「取材が浅く本質に迫っていない」（27％）は，性別，職業，学歴と有意で，男（31％），自由業（44％）と無職（40％），大卒・大学院修了（39％）で高い。

　「海外のテレビでは報道しているニュースを報道していない」（19％）は学歴，地域，都市規模と有意で，大卒・大学院修了（28％），関東（23％），21大都市（23％）で高い。

　「政府の発表をそのまま報道」（15％）は，性別，年代，職業において有意で，男（19％），60代（22％），無職（24％），商工自営（22％），自由業（22％）で高い。

第4章 「世間の人はテレビを信用しているが自分は…」

表4-2 テレビに関して問題だと思う，あるいは不満に感じることと諸属性の関係

	性　別	年　代	職　業	家族人数	最終学歴	地　域	都市規模
どの局も同じようなタレントのお笑い番組を放送する	◎	◎	◎	◎			
ヤラセや捏造がある		○					
取材が浅く本質に迫っていない報道が多い	◎		◎		◎		
海外のテレビでは報道しているニュースを報道していない					◎	○	◎
インターネットの情報と食い違うことがある	○	◎	○				
少数意見を無視する傾向がある					○		
政府の発表をそのまま報道する	◎	○	○				
このなかには１つもない		◎	◎		◎		

○：有意　p＜.05
◎：有意　p＜.01

　「ネットの情報との食い違い」（12%）は，性，年代，職業において有意で，男（14%），年齢的には10代（22%），20代（19%），30代（16%），職業的には学生（19%），事務・技術職（16%），労務・技能職（16%）といった非管理職の常勤の給与労働者で高い。単純集計値こそ12%にとどまるが，この項目への回答者は比較的若年でインターネットをもっとも身近なメディアとしている層であろうと推測できる。テレビの情報が正しくネットの情報は玉石混交だという，これまでの定見が通用しない層である。ネットの情報との齟齬はテレビ局も注意しなくてはならない。

第8節　おわりに

　以上，「テレビに対する信用度」をテーマに2015年末実施した全国調査を用いて，第三者効果という切り口で視聴者分析を試みた。多くの視聴者はテレビというものを基本的には信用しているのだけれども，その根拠にはあやふやな面がある。そしてテレビは昔（1950年代）からマス・メディアとして人びとに

信用されてきたものだから，とりあえず聞かれれば「信用する」と答えるが，「世の中の人びとに信用されている」ということと「自分自身がテレビを信用している」ということの間にギャップを生じつつある層が出てきているのも事実なのである。今回の調査と分析で，そうした層のいくつかの側面を炙り出せたように思う。これからのテレビの発展にとって，「マス・メディアとしてのテレビ」に対する視聴者の信頼形成は重要なテーマである。今後さらなる調査と分析を重ねていきたい。なお，今回は比較的手薄だったインターネット利用程度・形態とテレビ信用度との関係について次回の課題としたい。

単純集計表

※　全国調査の概要及び質問項目の単純集計値は，以下のとおりである。
■　調査概要
　・調査時期：2015（平成27）年11月27日（金）～12月9日（水）
　・調査対象：全国15歳～79歳，男女個人
　・サンプルサイズ：1,200
　・サンプリング方法：住宅地図データベースから世帯を抽出し，個人を割当て
　　　　　　　　　　　　1地点6人抽出×200地点
　・実施方法：契約調査員による個別訪問留置調査
　・調査機関：㈱日本リサーチセンター

■　質問文および単純集計値（問3以降，単位は％，n＝1,200）
※　調査に当たっては下記の他にも質問があるため，実際の調査の際の質問番号は以下の番号と一致しない。ただし，質問の提示順は以下のとおりである。
　「＊」は四捨五入して1％に満たない数値

問1　あなたは，世の中の一般の人々が，テレビをどのくらい信用していると思いますか。「完全に信用している」（10点）から「まったく信用していない」（1点）まで，10段階でお答えください。（10段階の選択肢提示）
　　　　平均値6.3　　中央値6

問2　あなたご自身は，テレビをどのくらい信用していますか。（回答形式は同上）
　　　　平均値5.4　　中央値5

第4章 「世間の人はテレビを信用しているが自分は…」

問3　世の中の一般の人々が，テレビを信用する場合，その理由はどのような点にあると思いますか。あてはまるものをすべてお答えください。（○はいくつでも）

1　多くの人々が共感して見ている点　52
2　国から放送免許を与えられている点　19
3　番組制作には膨大な予算と時間がかかっている点　9
4　大手企業のスポンサーがついている点　14
5　ニュースキャスターやアナウンサーなどが顔を出して伝えている点　27
6　報道記者や編集マンなどプロの制作者が作っている点　19
7　さまざまなメディアで実績のある有名人が出演している点　23
8　有識者や専門家の意見を報道する点　41
9　間違った放送をした場合には必ず訂正放送がなされる点　25
10　災害や事故等の際，信頼できる情報を提供する点　51
11　政府や企業が国民に隠している情報をあばいて報道する点　18
12　このなかには1つもない　3
13　わからない　11　　　NA 0

問4　あなたご自身が，テレビを信用する理由は，どのような点にありますか。あてはまるものをすべてお答えください。（○はいくつでも）

1　多くの人々が共感して見ている点　33
2　国から放送免許を与えられている点　13
3　番組制作には膨大な予算と時間がかかっている点　7
4　大手企業のスポンサーがついている点　7
5　ニュースキャスターやアナウンサーなどが顔を出して伝えている点　19
6　報道記者や編集マンなどプロの制作者が作っている点　15
7　さまざまなメディアで実績のある有名人が出演している点　15
8　有識者や専門家の意見を報道する点　34
9　間違った放送をした場合には必ず訂正放送がなされる点　23
10　災害や事故等の際，信頼できる情報を提供する点　46
11　政府や企業が国民に隠している情報をあばいて報道する点　15
12　このなかには1つもない　15　　　NA 1

問5　次の，テレビに関する記述のうち，あなたが問題だと思う，あるいは不満に感じることをすべてお答えください。（○はいくつでも）

1　どの局も同じようなタレントのお笑い番組を放送する　45
2　ヤラセや捏造がある　66
3　取材が浅く本質に迫っていない報道が多い　27
4　海外のテレビでは報道しているニュースを報道していない　19

5　インターネットの情報と食い違うことがある　12
　　6　少数意見を無視する傾向がある　30
　　7　政府の発表をそのまま報道する　15
　　8　このなかには1つもない　11　　　　NA 1

問6　次のa）〜d）の，テレビに関するA，B 2つの意見のうち，しいて言うと，
　　あなたはどちらの意見に近いですか。（それぞれ○は1つずつ）

a）A.　今のテレビに満足している　　　／B.　今のテレビに満足していない
　　　1　Aに近い　9　　　　2　どちらかといえばAに近い　45
　　　3　どちらかといえばBに近い　30　　　　4　Bに近い　14　　NA1

b）A.　テレビは必要である　　　　　　／B.　テレビは必ずしも必要ではない
　　　1　Aに近い　46　　　　2　どちらかといえばAに近い　38
　　　3　どちらかといえばBに近い　9　　　　4　Bに近い　6　　NA 1

c）A.　テレビは娯楽のためのものだ　　／B.　テレビは情報を得るためのものだ
　　　1　Aに近い　16　　　　2　どちらかといえばAに近い　47
　　　3　どちらかといえばBに近い　29　　　　4　Bに近い　7　　NA 1

d）A.　政治家の記者会見等は，テレビ局が編集した解説つきのニュースで見るのが
　　よい／B.　政治家の記者会見等は，全体をありのままネットで流すのを見るのがよい
　　　1　Aに近い　10　　　　2　どちらかといえばAに近い　45
　　　3　どちらかといえばBに近い　28　　　　4　Bに近い　15　　NA 2

（フェイスシート）

F 1　性別
　男性　50　　　　女性　50

F 2　年代
　15〜19歳6　20代12　30代16　40代18　50代15　60代18　70代14

F 3　職業
　農林漁業2　　　　自営・商工業14　　　　自由業2　　　管理職4
　事務・技術職15　　　　労務・技能職11　　　パート・アルバイト16
　主婦専業16　　　学生8　　　無職12　　　　無回答＊

第4章　「世間の人はテレビを信用しているが自分は…」

Ｆ4　学歴
小学校・中学校8　　　　高等学校46　　　　各種専門学校13
短大9　大学・大学院25　　無回答＊

Ｆ5　家族人数
1人8　　　　2人23　　　3人23
4人24　　　5人15　　　6人以上7　　　無回答1

Ｆ6　居住地域
北海道・東北12　　　　関東37　　　　中部・北陸16
近畿16　　中国・四国・九州20

Ｆ7　都市規模
21大都市29　　　　人口15万以上の都市　32
人口15万未満の都市31　郡部9

●参考文献●

Davison, W. P.（1983）"The Third-Person Effect in Communication", *Public Opinion Quarterly*, vol. 47, pp. 1-15.

Conners, J. L.（2005）"Understanding the Third-Person Effect", *Communication Research Trends*, vol. 24, pp. 3-22.

第3部　ネット・ソーシャル化で変容する
　　　放送と制度

第5章　BPOの意義と課題

宍戸　常寿

第1節　はじめに

「放送倫理・番組向上機構」（BPO）が2003（平成21）年に設立されてから，13年を迎えようとしている。この間，BPOは着実な努力を積み重ねて，日本におけるマス・メディアの自主規制の代表として成長してきた[1]。その半面，放送番組の内容に対する社会的批判，放送番組に対する行政指導及び規制強化を求める政治の動きが高まるたびに，BPOのあり方が問題とされることも増えている。

例えば，民主党政権下で総務省は，2009（平成21）年12月から1年間にわたり「今後のICT分野における国民の権利保障等の在り方を考えるフォーラム」（権利保障フォーラム）を開催し，筆者も構成員として参加した。そこでは，独立規制機関設置を含む行政規律のあり方，あるいは放送局自身の構造的な問題への深入りは慎重に回避され，その代償としてBPOのあり方が議論の中心に押し出された構図となった。

また近時，放送と政治・行政の関係が改めて注目を集めている。NHK「クローズアップ現代」の出家詐欺報道を扱ったBPO放送倫理検証委員会（検証委）の意見（検証委23号。2015（平成27）年11月）及び放送と人権等権利に関する委員会（人権委）の勧告（人権委57号。同年12月）は，総務大臣によるNHKに対する行政指導及び自民党情報通信戦略調査会によるNHK幹部の事情聴取

（いずれも2015年4月）を批判した。政治家の一部には，BPO を政府の影響下に置くべきだとの意見があるともされており，関係者の間では改めて BPO のあり方への関心が高まっている[2]。

　もっとも，BPO の組織・機能はいまだ広く知られておらず，具体的な活動内容について関係者や専門家の間でも十分な検討が尽くされているとはいえないのが現状であろう。そこで本稿では，これまでの BPO に関する紹介・研究を踏まえ[3]，また筆者が実施したアンケート調査（2015年11月末～12月初旬）を参考にしつつ，BPO の意義と課題について若干の検討を行うことにしたい。

第2節　BPO の概要

2.1　BPO の歴史

　放送業界全体の自主規制の源流は，1969（昭和44）年に設立された「放送番組向上協議会」に遡ることもできるが，BPO の直接の前身は，1997（平成9）年に設立された「放送と人権等権利に関する委員会機構」（BRO）及びその下の「放送と人権等権利に関する委員会」（BRC）である。BRO 及び BRC は，テレビ朝日の椿事件（1993年）及び TBS のオウムビデオ事件（1996年）をはじめ，放送に対する批判が高まるなか，郵政省の「多チャンネル時代における視聴者と放送局に関する懇談会」最終報告書（1996年）を受けて，NHK と日本民間放送連盟（民放連）が自主的に設置した機関である。テレビ東京・ポケモン事件及び郵政省の「青少年と放送に関する調査研究会」（1998年）を受けて，2000（平成12）年には「放送と青少年に関する委員会」（青少年委員会）が放送番組向上協議会に設置された。そして，2003（平成15）年に BRO と放送番組向上協議会の統合により BPO が設置された。

　このような経緯からは，BPO 設置の背景に，問題のある放送番組を契機とした放送への社会的批判と政治・行政への動きに対して，放送界のいわば受動的な対応があることがわかるが，2003年から2009（平成21）年の間になされた放送番組に対する行政指導は実に23件を数えた。とりわけ関西テレビ「発掘！あるある大事典Ⅱ」の虚偽報道に対して，総務省は2007（平成19）年3月，大

臣名で警告し，1ヵ月以内に再発防止策，3ヵ月以内に措置状況を報告することを求めるとともに，4月に虚偽放送の再発防止計画の提出制度を含む放送法改正案を国会に提出した[4]。これに対してBPOでは5月，放送番組委員会を「放送倫理検証委員会」に改組・強化し，結局，再発防止計画提出制度の立法化は見送られることになった。放送法改正に関連して衆参両院の総務委員会は12月，BPOの効果的な活動に期待し，政府は関係者の取組みに資する環境整備に検討ないし配慮すべき旨の附帯決議を行っている。

2.2　BPOの目的と組織

　BPOは法人格を有していない任意団体であり，その目的は「放送事業の公共性と社会的影響の重大性に鑑み，言論と表現の自由を確保しつつ，視聴者の基本的人権を擁護するため，放送への苦情や放送倫理上の問題に対し，自主的に，独立した第三者の立場から迅速・的確に対応し，正確な放送と放送倫理の高揚に寄与すること」である（BPO規約3条）。この目的を達成するため，評議員会ならびに検証委，人権委（2008年より，BRCから放送人権委員会に略称変更），放送と青少年に関する委員会が置かれる（4条）。

　BPOの構成員はNHK，民放連，民放連会員社等（2016（平成28）年3月現在で206社）である（5条）。構成員はBPO及び委員会の審議・審理等に協力し，見解・要望等を尊重し，勧告を遵守する義務を負うとともに（6条），会費を拠出する（7条）。

　理事長は，放送事業者の役職員及びその経験者以外の者から理事会で選任される。理事3名は放送事業者の役職員以外の者から理事長が選任し，残りの3名はNHK，3名は民放連がそれぞれ選任する（9条）。このようにBPOの運営・業務執行には放送界の意向が反映される一方，評議員は放送事業者の役職員を除く有識者のなかから理事会が選任・委嘱し（19条），その評議員会が各委員会の委員を選任する（18条）という仕組みを採用することで，各委員会の中立性ないし放送界からの距離が確保される仕組みとなっている。

　財政について見ると，事業活動収入・支出はともに4億円強であり（2015年

度予算），構成員からの会費収入が収入のほぼ全額を占める。事務局体制は，理事長，専務理事，理事・事務局長，検証委担当調査役5人，人権委担当調査役6人，青少年委員会担当調査役3人，視聴者応対担当者6人，広報2人，総務3人の計28人（2014年度）と，小規模な体制である。専務理事・事務局長は民放連・NHKのOBが順番に就いており，調査役の一部は元放送局職員である。広報・総務には，現役の放送事業者の職員が出向している。

2.3 視聴者意見

　BPOでは，事例研究会・年次報告会の開催，「BPO報告」・メールマガジンの発行等の広報活動，講師派遣等の活動を行っているが，特に注目されるのが放送・番組に関する視聴者意見への応対である。BPOが受け付けた視聴者意見の数は近年減少傾向にあったが（2010年度20,419件，2011年度19,208件，2012年度19,022件，2013年度17,765件，2014年度16,311件），2015年度は2万件を突破しており（2016年2月段階），放送規制やBPOに対する関心の高まりを反映したものと思われる。

　視聴者意見を送る方法としては，7割強がメール，2割強が電話によるものである。同一の内容の意見が一斉に送られてくることもあるようである。社会的諸力が放送界に対するプレッシャーをかける手段としてBPOが着目されつつあるともいえる。

　事務局が受け付けた視聴者意見は，各委員会に報告されるとともに，特定の番組・放送局に関する意見・苦情は週毎にまとめて当該放送局に送信される。さらに放送全般の意見の抜粋も会員社に送信されるほか，部外者もBPO報告やホームページで読むことができる。放送界と視聴者をつなぐ重要な回路として機能しているものと評価できる。

　以下では，筆者の関心から，検証委及び人権委の活動の詳細を紹介・検討することにする[5]。

第3節　放送倫理検証委員会

3.1　任務と構成

　検証委の任務は, (ア)放送倫理を高め, 放送番組の質を向上させるため, 放送番組の取材・制作のあり方や番組内容などに関する問題の審議, (イ)虚偽の疑いがある番組が放送されたことにより, 視聴者に著しい誤解を与えた疑いがあると判断した場合に, 放送倫理上の問題があったか否かの調査および審理, (ウ)前号の調査および審理に基づく勧告または見解の通知および公表, (エ)前号の勧告または見解の一部として, 放送事業者に対する再発防止計画提出の要請, (オ)前号に基づいて提出された再発防止計画およびその実施状況についての意見の通知および公表, (カ)その他本機構の目的を達成するために必要な事項である（規約4条1項2号）。

　委員は8名以上10名以内の有識者のうちから選任され（24条）, 任期は3年で再任を妨げない（26条）。現職（10名）及び歴代（23名）の委員一覧を見ると, 映画監督・ジャーナリスト・作家・評論家等の表現・制作現場を経験した有識者に加えて, メディア論の研究者や法律家が加わるという構成となっており, 法律家の多い人権委と異なっている。

3.2　手　　続

　検証委の手続は, ①討議, ②審議または③審理, ④見解等の通知・公表の3段階に分かれる。

　①　討議では, 放送局の報告・視聴者意見・関係者の指摘・新聞・週刊誌等の報道から, 事前の事務局の調査を踏まえて, ②③に進むか否かを決定する。苦情申立て制ではなく, 検証委が能動的・裁量的に審議・審理入りする点が人権委とは異なる。換言すれば, ②③に進んだ段階で, 番組に一定の問題があるとの予備的判断を検証委が下しているわけである。現行運営規則は討議について規定しておらず, 明文化作業が進められている（2016年3月現在）。

　②　審議は「放送倫理を高め, 放送番組の質を向上させるため, 放送番組の

取材・制作のあり方や番組内容などに関する問題について」行われる（運営規則4条1項）。検証委は事業者・関係者に調査・報告及び放送済みテープ等関連資料の提出を求めることができ，参考人との意見交換を行うことができる（同条2項・3項）。規則上は規定されていないが，原則としてヒアリングも行われており，この点も明文化作業が進められている[6]。

③　審理は「虚偽の疑いがある番組が放送されたことにより，視聴者に著しい誤解を与えた疑いがあると判断した場合」に当該番組に放送倫理上問題があったか否かについて行われる（5条1項）。調査において，事業者・関係者に対する調査・報告・資料提出の要求及びヒアリング，参考人との意見交換はもちろんであるが（6条），専門家からなる特別調査チームを設置して集中的・機動的な調査を行わせることもできる（7条）。

②③について，検証委は，各放送局と個別に，検証委の権限及び放送局の協力・遵守事項に関する合意書を取り交わしている。この点で，調査等の実効性は人権委よりも高い。

④　検証委は，放送倫理上の問題に関する審議案件（②）については「意見」を公表する（4条4項）。

これに対して虚偽番組に関する審理案件（③）については，検証委は「勧告」または「見解」を通知・公表し，審理結果の放送・周知を求めることもできる（8条）。また「勧告」「見解」が再発防止計画を求めた場合，放送局は1ヵ月以内に再発防止計画を提出・公表し，3ヵ月以内に実施状況を報告しなければならず，検証委はそれについての意見を公表することができる（9条）。さらに事業者に外部調査委員会の設置勧告を行うこともできる（10条）。

現実の手続を見ると，例えばテレビ朝日『報道ステーション』「川内原発報道」は，2014（平成26）年9月に放送されたが，同年10月に検証委は討議により審議入りを決定し，2015年2月に放送倫理違反があったとの意見を公表している（検証委21号）。これに対して「全聾の天才作曲家」に関する5局7番組に関する「見解」（検証委22号）については，2014年2月の問題発覚後に検証委の討議が開始されたが，審理入りが決定されたのは同年7月であり，放送倫理違

103

表5-1 検証委「委員会決定」等一覧

番号	通知・公表日	事案名	対象局
1	2007年8月6日	『みのもんたの朝ズバッ!』不二家関連の2番組に関する見解	TBS
2	2008年1月21日	FNS27時間テレビ「ハッピー筋斗雲」に関する意見	フジテレビ
3	2008年2月4日	『報道ステーション』マクドナルド元従業員制服証言報道に関する意見	テレビ朝日
4	2008年4月15日	光市母子殺害事件の差戻控訴審に関する放送についての意見	在京キー局5局・NHK
5	2009年4月28日	『ETV2001シリーズ戦争をどう裁くか』第2回「問われる戦時性暴力」に関する意見	NHK
	2009年7月17日	『情報7daysニュースキャスター「二重行政の現場」』についての委員長談話	TBS
6	2009年7月30日	『真相報道 バンキシャ!』裏金虚偽証言放送に関する勧告	日本テレビ
7	2009年11月17日	最近のテレビ・バラエティー番組に関する意見	民放連
8	2010年4月2日	『報道特集NEXT』ブラックノート詐欺事件報道に関する意見	TBS
9	2010年12月2日	参議院議員選挙にかかわる4番組についての意見	長野朝日放送 信越放送 TBS BSジャパン
10	2011年5月31日	「ペットビジネス最前線」報道に関する意見	日本テレビ
11	2011年6月30日	『"自"論対論 参議院発』に関する意見	日本BS放送
12	2011年7月6日	『月曜プレミア!主治医が見つかる診療所』『イチハチ』情報バラエティー2番組3事案に関する意見(別冊 若きTV制作者への手紙)	テレビ東京 毎日放送
	2011年9月22日	東海テレビ放送「ぴーかんテレビ」問題に関する提言	全加盟社
13	2011年9月27日	『ありえへん∞世界』に関する意見	テレビ東京
14	2012年7月31日	『news every.』「食と放射能 飲み水の安全性」報道に関する意見	日本テレビ
	2012年10月3日	『『めざましテレビ』ココ調・無料サービスの落とし穴」についての委員長談話	フジテレビ
15	2012年10月4日	『芸能★BANG ザ・ゴールデン』に関する意見	日本テレビ
16	2013年8月2日	『スーパーニュースアンカー』「インタビュー映像偽装」に関する意見	関西テレビ
17	2014年1月8日	2013年参議院議員選挙にかかわる2番組についての意見	関西テレビ テレビ熊本
18	2014年2月10日	「他局取材音声の無断使用」に関する意見	鹿児島テレビ
19	2014年3月5日	『スッキリ!!』「弁護士の"ニセ被害者"紹介」に関する意見	日本テレビ
20	2014年4月1日	フジテレビ『ほこ×たて』「ラジコンカー対決」に関する意見	フジテレビ
21	2015年2月9日	テレビ朝日『報道ステーション』「川内原発報道」に関する意見	テレビ朝日
22	2015年3月6日	"全聾の天才作曲家"5局7番組に関する見解	TBSテレビ テレビ新広島 テレビ朝日 NHK 日本テレビ
23	2015年11月6日	『クローズアップ現代』"出家詐欺"報道に関する意見	NHK

第5章　BPOの意義と課題

反ありとまではいえないが，説明責任履行のため自己検証と結果の公表を要望するという判断が示されたのは2015年3月であって，およそ1年がかかっている。検証委の性格上，対象番組の内容・数量・性格に応じて，手続的ルールに厳格に拘束されずに検討を尽くすことが求められるといえよう。

3.3　これまでの活動

　検証委の決定は意見20件，見解2件，勧告1件であり，加えて委員長談話2件，全加盟社への提言1件がある（表5-1）。このうち唯一の勧告である日本テレビ「真相報道　バンキシャ！」裏金虚偽証言放送に関する勧告（検証委6号。2009年7月）は，検証番組の制作，検証結果の公表，訂正放送の在り方の検討を求めた，重い内容を含む。

　また検証委は，個々の番組を手がかりに放送倫理全体へ向けての提言を行うことがある[7]。例えば，最近のテレビ・バラエティー番組に関する意見（検証委7号。2009年11月）は民放連に対して発せられたものであり，東海テレビ放送「ぴーかんテレビ」問題に関する提言（2011年9月）は，現場において単純ミスが頻発している現状を踏まえて，全社的に放送の使命について話し合う機会を求める等の提言を規約23条に基づき全加盟社に対して行っている。あるいは情報バラエティー2番組3事案に関する意見（検証委12号。2011年7月）に付された別冊「若きTV制作者への手紙」は，制作会社（プロダクション）に現実の番組制作が委ねられていることを強く意識しており，さらに2013年参議院議員選挙にかかわる2番組についての意見（検証委17号。2014年1月）は，以前の参議院議員選挙にかかわる4番組についての意見（検証委9号。2010年12月）の後に選挙報道の公平性に関する問題が起きたことを重視したものである。

第4節　放送と人権等権利に関する委員会

4.1　任務と構成

　人権委の任務は，(ア)個別の放送番組に関する放送法令または番組基準に係わる重大な苦情，特に人権等の権利侵害に関する苦情（苦情申立人と放送事業者と

105

の話し合いが相容れない状況にあり，かつ，司法に基づき係争中でないもの）の審理，(イ)前号の審理に基づく苦情申立人および被申立人（放送事業者）への勧告または見解の提示，(ウ)前号の審理に基づく勧告または見解の構成員への報告および公表，(エ)その他本機構の目的を達成するために必要な事項である（規約4条1項3号）。

委員は7名以上9名以内の有識者から構成され（29条），任期は検証委と同じく3年で再任を妨げない（31条）。歴代（31名）の委員一覧を見ると半数近くが法律家であるが，とりわけ現職（9名）の3分の2（6名）が法律家であり，また委員長については弁護士出身の委員が2期目の委員代行を経て3期目に就任するのが慣行化している。これらは，苦情申立てを受けて権利侵害の有無を法的に判断せざるを得ない裁判外紛争処理手続（ADR）である以上，当然の趨勢ともいえよう。

4.2　手　　続

人権委の手続は，①申立て，②審理，③委員会決定の通知・公表の3段階に分かれる[8]。

①　申立てについて，規約上，申立人と事業者の話し合いが相容れない状況にあるものであることが前提となっていることから，まずは人権侵害を受けたと感じた者は事業者へ苦情を伝えて話し合いをすることが推奨されている。申立書は現在，BPOホームページからダウンロード可能となっている。

さらに審理入りの前に人権委事務局が申立人と事業者に話し合いを要請し，その結果解決に至る「仲介・斡旋」の事案もある。この場合，申立ては取り下げられることになる。

申し立てられた苦情の取扱いの基準は，人権委運営規則5条に詳細に規定されている。第1に人権侵害及びそれに係る放送倫理違反に関する苦情を原則とするが，2007年規則改正により公平・公正を欠いた放送により著しい不利益を被った者からの申立ても委員会の判断で扱うことができる，第2に放送後3ヵ月以内に放送事業者に対し申し立てられ，かつ，1年以内に委員会に申し立て

第5章　BPOの意義と課題

られた苦情に限る，第3に苦情申立人は原則として権利の侵害を受けた個人ま
たは直接の利害関係人に限るが，団体からの申立ても委員会が裁量により扱う
ことができる，第4にCMに関する苦情は原則として扱わない，ということ
が要点である。

　人権委は上記基準に照らして申立てを判断し，審理入りするかどうかを決定
する。

　②　審理では，申立人と事業者へのヒアリング，関係資料等の提出を求める
ことができる（運営規則8条）。人権委では2011年から約1年をかけて事務局に
より収集した資料を委員会の判断で当事者へ開示できること，ヒアリングにお
いて不意打ちにならないよう質問項目等を事前に送付すること等の改善がなさ
れた9)。

　人権侵害については法令及び判例が判断基準となるが，それとともに放送倫
理上の問題についてもNHK・民放連の番組基準等に基づき審理している。実
際にも，人権侵害とまでは認められず，したがって裁判であれば救済が難しい
ような苦情について，放送倫理上の問題を指摘して，実質的な被害者救済を図
る決定も多い。そこで2009年以降，人権委は従来の「名誉毀損先行型」（まず
名誉毀損の存否を判断した後に，放送倫理違反を判断する様式）のほかに，先に放
送倫理違反を判断し，さらに名誉毀損の存否を判断する様式をも採用してい
る10)。他方で裁判所と比較した場合，人権委の事実認定に限界が伴うのは当然
である。

　人権委は苦情の受理・審理手続について内規を定める（6条2項）。人権委
内部的には起草委員が論点整理及び心理を踏まえて決定文の起草を担当してい
る。人権委の議決は全員一致を原則とし，多数決による場合には少数意見を付
記することができる（16条）。決定59件のうち何らかの意見が付されたものが
25件に及んでおり，これはハードケースが多いことを示すものであろう。

　③　人権委は審理の結果を「勧告」または「見解」としてとりまとめて，通
知・公表し，審理結果の放送・周知を求めることもできる（11条）。この点は，
裁判的救済とは異なる被害者救済の手法として注目に値しよう11)。

107

表5-2　人権委「判断のグラデーション」

勧告	人権侵害（名誉毀損，プライバシー侵害，肖像権侵害等）
	放送倫理上重大な問題あり
見解	放送倫理上問題あり
見解	要望（放送表現，放送後の対応等について局に要望）
	問題なし

　「放送倫理違反」と「放送倫理上問題あり」の違いが分かりにくいのとの声があったため，人権委は2012年，「判断のグラデーション」を決定し，47号以降の決定はこれによっている（表5-2）。人権委は，勧告及び見解（放送倫理上問題あり）の場合には，放送局に改善策等を盛り込んだ対応報告を求める。

　現実の手続を見ると，2014年度においては当事者からの苦情18件，仲介・斡旋解決事案6件，審理事案5件，決定1件である。これに対して2015年度は決定6件が公表されており，議事概要を見る限りでも一回の会議時間が数時間に及んでおり，難事案が集中する際の過重負担が推測される。例えばフジテレビの大喜利・バラエティー番組に対する申立ては，2014年11月に申立人の申立書を受理した後，12月に人権委は審理入りを決定し，2015年11月に問題なしとの見解を公表している（人権委56号）。簡易迅速なADRの審理期間として長いか短いかは，人によって見方が分かれるところだろう。

4.3　これまでの活動

　これまでの人権委の決定59件のうち，勧告は14件（うち人権侵害7件），放送倫理違反または放送倫理上の問題を指摘する見解が26件であり，また要望等を含む見解が7件，問題なしとする見解が11件，実質審理入りしなかったものが1件であった（表5-3）。人権委の決定における勧告や「放送倫理上問題あり」という意見の非難の度合いは検証委のそれらに比べれば軽いはずのものであり，混乱が生じるようである。

　かつてBRCは「桶川女子大生殺害事件」取材についての要望（1999年）等を表明してきたが，現在の人権委においても「顔なしインタビュー等について

第5章　BPOの意義と課題

表5-3　人権委「委員会決定」等一覧

	事案名	決定日	対象局		決定	委員会決定
1	サンディエゴ事件報道	1998年3月19日	NHK	1	見解	問題なし
			TBS	2	見解	放送倫理上問題あり
			テレビ朝日	3	見解	放送倫理上問題あり
			テレビ東京	4	見解	放送倫理上問題あり
2	幼稚園報道	1998年10月26日	NHK	5	見解	放送倫理上問題あり
3	大学ラグビー部員暴行容疑事件報道	1999年3月17日	日本テレビ	6	見解	放送倫理上問題あり＊
			TBS	7	見解	問題なし
			フジテレビ	8	見解	放送倫理上問題あり＊
			テレビ朝日	9	見解	放送倫理上問題あり＊
			テレビ東京	10	見解	問題なし
4	隣人トラブル報道	1999年12月22日	フジテレビ	11	見解	放送倫理上問題あり＊
5	自動車ローン詐欺事件報道	2000年10月6日	伊予テレビ	12	勧告	人権侵害＊
6	援助交際ビデオ関連報道	2001年1月30日	名古屋テレビ	13	見解	放送倫理上問題あり＊
			テレビ愛知	14	見解	放送倫理上問題あり＊
			中京テレビ	15	見解	放送倫理上問題あり＊
7	インターネットスクール報道	2002年1月17日	日本テレビ	16	見解	放送倫理上問題あり＊
8	熊本・病院関係者死亡事故報道	2002年3月26日	テレビ朝日	17	勧告	人権侵害＊
9	出演者比喩発言問題	2002年9月30日	テレビ朝日	18	見解	番組内，放送後の対応に問題あり＊
10	福井・産廃業者行政処分報道	2002年12月10日	NHK福井	19	見解	問題なし
11	女性国際戦犯法廷・番組出演者の申立て	2003年3月31日	NHK	20	見解	放送倫理違反＊
12	山口県議選事前報道	2003年12月12日	テレビ山口	21	見解	放送倫理上問題あり＊
13	中学校教諭・懲戒処分修正裁決報道	2004年5月14日	北海道文化放送	22	勧告	人権侵害＊
14	国会・不規則発言編集問題	2004年6月4日	テレビ朝日	23	勧告	人権侵害
15	警察官ストーカー被害者報道	2004年12月10日	名古屋テレビ	24	見解	問題なし
16	産婦人科病院・行政指導報道	2005年7月28日	NHK名古屋	25	勧告	重大な放送倫理違反
17	喫茶店廃業報道	2005年10月18日	毎日放送	26	見解	放送倫理違反
18	新ビジネス"うなずき屋"報道	2006年1月17日	テレビ東京	27	見解	放送倫理違反
19	バラエティー番組における人格権侵害の訴え	2006年3月28日	関西テレビ	28	勧告	人権侵害
20	若手政治家志望者からの訴え	2006年7月26日	日本テレビ	29	見解	迅速・丁寧な対応を要望
21	民主党代表選挙の論評問題	2006年9月13日	テレビ朝日	30	見解	問題なし
22	エステ店医師法違反事件報道	2007年6月26日	日本テレビ	31	見解	放送倫理違反
23	ラ・テ欄表記等に対する訴え	2007年6月26日	テレビ朝日	32	見解	適正なラ・テ欄表記を要望
24	広島ドッグパーク関連報道	2007年8月3日	朝日放送	33	見解	問題なし
25	部落解放同盟大阪府連幹部からの訴え	2007年11月12日	毎日放送	34	見解	表現のあり方等について要望
26	"グリーンピア南紀"再生事業の報道	2007年12月4日	読売テレビ	35	見解	問題なし
27	産廃不法投棄業者の隠し撮り報道	2008年3月18日	福島テレビ			審理入り後の和解成立により解決
28	高裁判決報道の公平・公正問題	2008年6月10日	NHK	36	見解	放送倫理違反
29	群馬・行政書士会幹部不起訴報道	2008年7月1日	エフエム群馬	37	見解	放送倫理違反

109

30	広島県知事選裏金疑惑報道	2008年12月3日	中国放送	38	見解	ホームページでの当該報道の文字情報は放送と同視せず*
31	徳島・土地改良区横領事件報道	2009年3月30日	テレビ朝日	39	勧告	重大な放送倫理違反*
32	保育園イモ畑の行政代執行をめぐる訴え	2009年8月7日	TBS	40	勧告	重大な放送倫理違反*
33	割り箸事故・医療裁判判決報道	2009年10月30日	TBS	41	勧告	重大な放送倫理違反
34	派遣法・登録型導入報道	2009年11月9日	テレビ朝日 朝日放送	42	見解	構成・表現に関し配慮を求む
35	旅館再生リポート・女将の訴え	2010年2月18日	フジテレビ			審理入り後の和解成立により解決
36	拉致被害者家族からの訴え	2010年3月10日	テレビ朝日	43	見解	放送倫理上問題あり*
37	上田・隣人トラブル殺人事件報道	2010年8月5日	テレビ朝日	44	見解	放送倫理上問題あり*
38	機能訓練士からの訴え	2010年9月16日	TBS	45	見解	問題なし
39	大学病院教授からの訴え	2011年2月8日	テレビ朝日 朝日放送	46	見解	放送倫理上問題あり
40	ブランドバッグ販売をめぐる輸入業者からの訴え	2011年5月17日	TBS			審理入り後申立て取り下げ
41	南三陸町津波被災遺族からの申立て	2012年7月17日	NHK			審理入り後申立て取り下げ
42	ストローアート作家からの申立て	2012年8月21日	フジテレビ			審理入り後和解成立により解決
43	無許可スナック摘発報道への申立て	2012年11月27日	テレビ神奈川	47	勧告	放送倫理上重大な問題あり*
44	肺がん治療薬イレッサ報道への申立て	2013年3月28日	フジテレビ	48	見解	要望あり*
45	国家試験の元試験委員からの申立て	2013年3月29日	TBSテレビ	49	見解	要望あり*
46	大津いじめ事件報道に対する申立て	2013年8月9日	フジテレビ	50	見解	放送倫理上問題あり
47	大阪市長選関連報道への申立て	2013年10月1日	朝日放送	51	勧告	放送倫理上重大な問題あり
48	宗教団体会員からの申立て	2014年1月21日	テレビ東京	52	見解	放送倫理上問題あり
49	散骨場計画報道への申立て	2015年1月16日	静岡放送	53	見解	放送倫理上問題あり
50	大阪府議からの申立て（日本テレビ）	2015年1月20日	日本テレビ			審理入り後申立て取り下げ
51	大阪府議からの申立て（TBSラジオ）	2015年4月14日	TBSラジオ	54	見解	問題なし*
52	謝罪会見報道に対する申立て	2015年11月17日	TBSテレビ	55	勧告	人権侵害*
53	大喜利・バラエティー番組への申立て	2015年11月17日	フジテレビ	56	見解	問題なし
54	出家詐欺報道に対する申立て	2015年12月11日	NHK	57	勧告	放送倫理上重大な問題あり
55	ストーカー事件再現ドラマへの申立て	2016年2月15日	フジテレビ	58	勧告	人権侵害*
56	ストーカー事件映像に対する申立て	2016年2月15日	フジテレビ	59	見解	放送倫理上問題あり

＊少数意見・意見・補足意見が付されているもの

第5章　BPOの意義と課題

の要望〜最近の委員会決定をふまえての委員長談話〜」（2014年）のように一般的な意見表明を行うことがある[12]。

　さらに人権委はしばしば人権侵害・放送倫理違反について積み重ねられた判断を整理し公表してきた[13]。最新の『放送人権委員会　判断ガイド2014』は，それまでの委員会の判断を次のように整理している。

　①企画・取材，制作，放送　　「取材・報道の自由」「企画」「取材」「編集・制作」「匿名報道，匿名映像・モザイク処理映像等」「公平・公正」「謝罪・訂正，苦情対応」「事件・事故」「私人間のトラブル」「政治・選挙」「行政処分「放送とインターネット」「その他」
　②人権侵害　　「名誉・信用」「プライバシー」「肖像権」「公人等」
　③運営規則と結論　　「運営規則と委員会の任務」「結論と措置」
　④放送倫理違反，放送倫理上問題あり　　「事実の正確性」「客観性，公平・公正」「真実に迫る努力」「表現の適切さ」「誠実な姿勢と対応」

　とりわけ④については，NHK・民放連等の番組基準を補完する事例集として，放送界が共有すべき生きた教材であるように思われる。

第5節　アンケート調査の概要

5.1　BPO認知度

　BPOは2011年10月，全国の15歳から79歳の視聴者1,200名を対象にしたアンケート調査を実施し，BPOの名称を知っているのが全体の52％，その3分の2は名称のみであり，知っている割合は男性の方が女性よりも高い，年齢層別では10代が低い等の調査結果を公表している[14]。それから約4年が経過し，BPOに対する視聴者の認知・理解を調査すべく，2015年11月末から12月初旬にかけ，全国の15歳から79歳の男女個人1,200名を対象にしたアンケート調査を実施した（日本リサーチセンターのオムニバス・サーベイへの相乗りによる実施）。ここではその概要を紹介したい。

111

表5-4 BPO の認知度

	名称，活動内容を知っている	名称等を見聞きした事がある	知らない	無回答
全 体	7.3	44.1	48.0	0.6
性 別				
男 性	11.2	47.7	40.6	0.5
女 性	3.5	40.6	55.3	0.7
年 齢				
15～19歳	2.8	13.9	83.3	－
20～29歳	10.7	38.3	50.3	0.7
30～39歳	7.7	44.8	47.4	－
40～49歳	8.9	51.9	38.3	0.9
50～59歳	7.7	51.1	40.7	0.5
60～69歳	7.8	50.7	40.2	1.4
70～79歳	2.9	35.3	61.8	－

まず BPO 認知度は【表5-4】のとおりである。

BPO の「名称，活動内容を知っている」「名称等を見聞きした事がある」と回答した人が全体の半分程度であり，詳しく知っている人は少なく，男性の方が女性よりも知っている割合は高く，10代にはほとんど知られていないといった特徴は，2011年調査とほぼ同じ結果である。論者の立場によりこの数字を高いとみるか低いとみるかは分かれるだろうが，BPO の認知状況は安定しているとともに，特に若年層への周知が課題となっているといえよう。

5.2 放送への満足度・信頼度と BPO の認知

次に放送への満足度・信頼度と BPO 認知度を見てみる。別の設問で測ったテレビ，ラジオ番組への満足度（章末単純集計表問10参照）から，調査対象者全体を満足層（十分満足4.7%，おおむね満足46%），中間層（どちらともいえない35.7%），不満層（不満11.3%，非常に不満2.1%）に分類した BPO の認知度は【表5-5】の通りであった。

中間層の BPO 認知度が低く，不満層の認知度が高いことが見て取れる。放送番組に不満のある人ほど BPO を知っているということがいえるのではないか。

第5章　BPOの意義と課題

表5-5　BPOの認知度と放送満足度

	名称，活動内容を知っている	名称等を見聞きした事がある	知らない	無回答
全　体	7.3	44.1	48.0	0.6
放送満足度				
満足層	7.2	44.9	47.5	0.3
中間層	6.3	37.9	55.1	1.2
不満層	10.6	59.0	30.4	−

表5-6　BPOの認知度と放送信頼度

	名称，活動内容を知っている	名称等を見聞きした事がある	知らない	無回答
全　体	7.3	44.1	48.0	0.6
放送信頼度				
信頼層	6.3	40.3	53.2	0.2
中間層	6.2	45.9	47.1	0.8
不信層	13.3	50.0	36.1	0.6

　さらに別の設問で測ったテレビ番組の発表や報道への信頼度（章末単純集計表問7ｄ）参照）から，調査対象者全体を信頼層（信頼できる3.9％，やや信頼できる35.6％），中間層（どちらともいえない44.1％），不信層（あまり信頼できない12％，信頼しない3％）に分類した結果は【表5-6】の通りであった。

　放送信頼度とBPO認知度が反比例していることが見て取れ，放送に不信感のある人ほどBPOを知っているといえる。これらの結果は「悪い放送を取り締まる」という像でBPOが理解されている可能性を示唆するように思われる。

5.3　BPOの組織・活動への熟知度

　次に，BPOを知っている層（全体の51.4％）に対して，BPOの設置主体，認知経路，イメージ，活動の認知を調査した。

　BPOの設置主体について尋ねたところ，正しく「NHKと民間放送」と回答したのは21.1％にとどまり，最も多かったのは「わからない」（45.4％）であり，以下は「国と放送事業者」（12.8％），「国ないし国が運営する機関」（7.8％），「民間放送」「消費者団体」（ともに4.5％）等が続く。いまや「BPOこそが放送の自

113

表5-7　BPO を知っている層の BPO イメージ

	そう思う	ややそう思う	どちらともいえない	あまりそう思わない	そう思わない	無回答
放送倫理や番組の向上に役立つ	14.4	43.3	27.6	8.4	5.2	1.1
番組をつまらなくしている	7.9	17.2	43.6	19.9	9.9	1.5
放送局を指導・監督している	10.7	34.2	35.2	11.2	7.5	1.3
放送局側に立っている	5.2	12.0	48.5	22.4	10.4	1.6
国や政府側に立っている	4.9	16.2	52.4	14.9	10.2	1.5
視聴者側に立っている	4.7	21.4	48.3	14.6	9.9	1.1

表5-8　BPO を知っている層の活動認知度

	知っていた	知らなかった	無回答
放送倫理上の問題有無の審議や審理	79.1	19.9	1.0
放送による人権侵害の被害の救済	44.7	54.3	1.0
青少年に対する放送のあり方への意見発表	50.9	48.0	1.1
視聴者意見の受付	41.3	53.8	4.9

主規制の担い手として位置づけられている」[15] ものの，その設置主体が一般から正確な理解を得ているとはいえないようである。しかし見方を変えれば，何らかの形で放送事業者が設置に関与していることは BPO を知っている層の半数（41.1%），従って全体の約5分の1が理解していることにもなる。

　認知経路（複数回答可）については，やはり「テレビ」（69.4%）が圧倒的であり，「テレビ CM」（21.7%），「新聞」（19.6%），「インターネット」（12.5%）等が続く。特に BPO 各委員会の決定等に関する報道が，BPO の周知に大きな効果があるように思われる。

　また BPO のイメージについても尋ねてみたが，その結果は【表5-7】の通りであった。

　放送倫理・番組の向上に役立つ点でポジティヴな評価が得られ，また放送局を指導・監督しているという像が強いことがわかる。また，BPO の本来の立

第5章　BPOの意義と課題

ち位置である，放送局，国・政府，視聴者いずれからも独立した機関として，視聴者からもイメージされていることが窺える。また番組をつまらなくしているというイメージもそれほど強くないように思われる。

　最後にBPOの3委員会の活動及び視聴者意見の理解について尋ねた結果は，【表5-8】の通りであった。BPOといえば検証委のイメージが強いことがわかる。もっとも人権委も人権侵害だけでなく放送倫理上の問題をも扱うので，その分この回答では影が薄くなっているかも知れない。

5.4　放送規律のあり方

　今回の調査では，放送規律の望ましいあり方についても，調査対象者全員に尋ねている。そしてそれを，①BPOの認知度，②放送満足度，③放送信頼度の観点からそれぞれ分析してみた結果は，【表5-9】の通りであった。

　まず，「わからない／考えがない」が全体の半数近くを占めていること（46.8％），政府等の直接・間接的な規制に対しては全体的に低い支持（4.5％：「政府等が設立する第三者機関」「政府・国の直接規制」の合計）しか得られないことが分かる。放送に対する不信層・不満層は，放送規制のあり方に対して一定の考えをもっている比率が高いが，それでも政府の関与する方策よりも政府の関与を排除する方がより好ましいと思っている比率が高い。放送に対する不信・不満の一因に，番組に対する政府の間接的な影響を感じているからではないか，一考の必要があるだろう。

　他方，「政府等が関与しない第三者機関」というあり方は相当の支持を受けているが，BPOを知っている層（45.4％）とそうでない層（16.6％）との間には大きな開きがある。BPOを知らない層は「わからない／考えがない」が高く（64.5％），そもそも放送規制の問題に対して関心がないように思われる。これは現在の放送関係者にとって好ましいことなのかも知れないが，政府による規制を好ましくないと思うのであれば，今まで以上にBPOに対する視聴者の理解を広げるよう努めるべきではないか。

115

表5-9　望ましい放送規制のあり方と BPO 認知度・放送満足度・放送信頼度

	外部から規制すべきでない	政府等が関与しない第三者機関	政府等が設立する第三者機関	政府・国の直接規制	視聴者等個々に対応すべき	このなかにはない	わからない／考えがない	無回答
全　体	6.7	31.4	3.7	0.8	5.7	4.1	46.8	0.9
BPO 認知度								
BPO 知っている	6.6	45.4	5.0	1.3	7.0	3.7	30.0	1.0
BPO 知らない	6.7	16.6	2.2	0.3	4.3	4.5	64.5	0.9
放送満足度								
満足層	7.9	34.4	3.5	0.5	5.6	2.8	44.6	0.8
中間層	4.0	23.8	4.0	1.2	5.1	4.0	57.0	0.9
不満層	9.3	41.0	3.7	1.2	7.5	9.3	28.0	－
放送信頼度								
信頼層	6.5	32.3	3.8	1.1	5.7	2.5	47.3	0.8
中間層	6.4	30.1	3.6	0.6	4.5	4.5	49.3	0.9
不信層	7.2	36.1	3.9	1.1	9.4	7.2	34.4	0.6

第6節　BPO の課題

6.1　BPO の「立ち位置」

　BPO には，相反する二つの見方がなされることがある。放送界に批判的な外部の勢力からは「放送局のお手盛り」と見られがちである半面，放送事業者とりわけ制作者からは「素人が現場を萎縮させている」等の批判に晒されやすい。

　冒頭で触れた権利保障フォーラムではまさにそのような見方が交錯したが，最終報告書（2010年）における濱田純一座長の「むすびにかえて」は，BPO に対して「放送事業者による自主的な取組みの充実を前提としながら，本フォーラムにおいて示された様々な指摘を踏まえ，その活動について透明性を確保し，説明責任を果たすとともに，調査・検証の充実を図るなど，常にその取組みの改善が行われていくことを期待する」と述べていた。それは「事業者，関係団体，行政，視聴者など様々な主体がそれぞれに取組みを行っていく全体像が言

第5章　BPOの意義と課題

論・表現の自由を確実に守るための枠組みを形成していく」という権利保障フォーラムの最大公約数的認識において，数多くの批判とともにBPOの存在意義が承認されたからにほかならない。

　現在，濱田BPO理事長によるホームページ等での「理事長挨拶」は，飽戸弘前理事長時代のものと比較すると，微妙に異なった印象を与える。まず，冒頭のBPOについての説明が「NHK・民放連・民放連加盟放送局で構成する"放送界が自主・自律の精神で設立した第三者機関"」ではなく，「NHK・民放連・民放連加盟の放送局が"自主・自律を図るために設立した第三者委員会"を運営する機関」とされている。次に，BPOが「独立した第三者」であり，「放送の公共的使命」を自覚した放送界が「自ら第三者の意見を聞く仕組みを設けて，放送内容の向上を図る」ために設置したものであることが強調されている。そして，「BPOが視聴者と放送局との間に立って活動し，放送局が緊張感を持って自由と自律を積み重ねていくことこそ，成熟した市民社会にふさわしい」とのことばで締めくくられている。

　このような説明は，次の2点で注目される。第1に，自主・自律の本来的な担い手がBPOではなく放送局であることが，以前よりも明確化されている点である。このことは，権利保障フォーラム最終報告書における「放送事業者による自主的な取り組みの充実を前提としながら」という記述とも相応し，また別の場所で濱田理事長が「放送の質向上の基本は，あくまで視聴者と放送局がどう向き合うか，というところにある」[16]と発言していることにも，貫かれているといえよう。

　第2に，このようなBPOの位置づけが，放送の公共性を超えて「成熟した市民社会」というより一般的な社会像と結びつけて語られている点である。それは最終報告書の表現でいえば「言論・表現の自由を守っていくためには，何か一つの組織・機関を作れば済むというものではなく……関係者の自主的・主体的な取組みが最も重要である」ということとも結びつくものであろう。

117

6.2 BPO の組織，政府との関係

　筆者は，これまでの紹介からも，検証委や人権委の実効性は権利保障フォーラム後に相当強化されたと感じているが，より実効性を高めていくためには BPO の組織体制や財源をより充実すべきではないかという疑問もある。他方，BPO が大きな組織になれば，自己増殖の論理で権限を広げていき，かえって事業者の自主的な取り組みを妨げかねない，という消極的な立場もありうる[17]。

　この論点は，法の下での「共同規制」と法から自由な「自主規制」とのいずれのものとして，BPO の取組みを位置づけるべきか，にも関わるように思われる[18]。前者であれば法の要求する水準に従って，放送番組に問題が生じても政府が権限行使をしないで済むだけの事後的な処理能力が BPO に求められることになるだろう。仮に政府の礼譲にもはや期待せず BPO が勧告等をした場合には総務大臣が権限を発動しないことを法律上明文化するというのであれば[19]，このような BPO の組織体制の整備が不可欠になろう[20]。これに対して「BPO はこれからも放送法による規律から自由な存在としておくべき」[21] と考えるのであれば，そもそも外部から指摘されるような問題を放送に生じさせないという予防的側面が重視されることになる。BPO は問題が指摘されて始めて職権（検証委）または申立て（人権委）によって活動を開始するわけであるから，現実には，各委員会の勧告等について，対象番組に対する制裁・匡正を超えて，放送界一般がその趣旨をどれだけ尊重し放送倫理・番組の向上に役立てているかが，かかる「自主規制」の対外的説得力を左右することになるのではないか。

　BPO は「放送行政を所管するのが他の先進諸国のような独立行政委員会でない中で，ある種のバランスのたまものとして」[22] 成長してきたが，もはやその位置づけをはっきりさせた上で，そのようなものとして理解を得るべき時期に来ているのではないだろうか。本稿の調査はそうした訴えの必要性及び世論の受容可能性をともに示唆しているように思われる。

第5章　BPOの意義と課題

6.3　放送倫理検証委員会と放送人権委員会

　もっとも，このように性格づけを明確化すべきだとしても，必ずしもBPO全体を「共同規制」と「自主規制」のどちらかに寄せなければならないわけではない。端的に言えば，検証委は有識者による「自主規制」による半面，人権委は法に拘束された「共同規制」になじむようにも考えられる。冒頭に触れたNHK「クローズアップ現代」"出家詐欺"報道のように検証委と人権委が同じ事案を並行して扱う場合もある上，両者が区別されないまま「BPOが勧告」のように報道されることも多い。本章の調査においても放送倫理・番組の向上に比べて人権侵害の救済の理解が進んでいない様子が明らかになったところである。

　そこで筆者は，今後のBPOをめぐる論点の一つは，人権委の紛争解決機能をより強く打ち出すかどうかにあるのではないか，と考えている。政治家や団体等，比較的強い立場からの申立てが増加したり，申立人が弁護士を代理人として立てたりする例も増えており，いわば人権委の「法化」は既に進んでいる。また，部会制の導入，常勤委員の採用，現役制作者の調査役への登用等の改革論も[23]，近年の人権委の過密な審理状況に照らせば，説得力を増しているように思われる。

　もっとも，人権委の「法化」ないし「共同規制」化は，BRC時代から放送倫理上の問題が扱われ，近時の規則改正や『判断ガイド』で正面から整理がなされてきたという動きには逆行する。人権委がADRの一種だとしても，裁判所と全く同じく専ら法的基準で判断すれば良いというのではない。勧告等の公表や研修を通じて放送倫理・番組の向上に資していることを軽視すべきではないし，「法的な責任を意識するようになって，いま放送局と行っているような柔軟なやり取りが，非常に窮屈なものになってしまい，結果として効果が出ない」ことも懸念される[24]。また部会制や常勤化によって，「今のようなすぐれた専門家が得られるだろうか」という疑問も提起されている[25]。

　筆者自身は人権委の位置づけをより明確にすべきではないかという考えに今のところ傾いてはいるが，仮にBPOとりわけ人権委の「共同規制」化を推し

119

進めるならば，それが隠れた政府の直接規制に陥らないよう，放送行政の透明化・政治の介入排除をはじめとする，厳重にも厳重な手立てが施されることも必要であると考えている[26]。いずれにしても，まずは……，まずこうした問題の所在が関係者の間で幅広く共有され，BPO及び人権委のあり方について真剣な検討がなされるべきだと考えている。

6.4 放送事業者・制作者とBPO

「自主規制」としてのBPOの位置づけを明確にする場合であっても，既に繰り返したとおり，あくまで放送事業者による放送倫理・番組の向上の取組みが主でなければならないことは当然である。

これまで，委員会決定の趣旨の正しい理解が，同じ放送事業者内部はもちろん，他の放送事業者にも広がらず，その結果として類似の問題が繰り返し発生する，といった悪循環が指摘されてきた。放送倫理上の問題を指摘された放送事業者が制作者に研修を行い委員会に報告を行ったり，逆に委員が自ら現場との意見交換に赴いたり，「判断の内容が放送の現場にしみわたるように柔軟で，放送の質向上に実を生むような努力をしている」ことは事実であろう[27]。しばしば指摘される「現場の萎縮」は，放送事業者の上層部がBPOの指摘に過剰反応した結果もたらされているのではないかとの批判は傾聴に値する。また，現場の制作スタッフに決定の趣旨が十分に伝わらず放送倫理・番組の改善が見られないとすれば，それはむしろ放送事業者と制作会社の関係一般という，より根本的な問題の現れですらあるように思われる[28]。

他方，「放送の質向上の基本は，あくまで視聴者と放送局がどう向き合うか」という点からすれば，放送事業者が委員会の指摘に対して，その趣旨を歪曲化してやり過ごすのではなく，例えば大学病院教授からの訴えに関する見解（人権委46号。2011年2月）に対してテレビ朝日・朝日放送が正面から疑問を明らかにして委員会と議論を交わしたことは，その内容の当否はともかく積極的に評価すべき点もあるのではないか，と感じる。

最後に，放送事業者内部の自主規制とBPOの連携がより深められても良い

第5章　BPOの意義と課題

ように思われる。とりわけ番組審議機関については機能強化のための法改正がなされているが，放送事業者のなかにはその活動実態が見えにくいところもある。番組審議機関にはBPOの決定等が通知されているとのことだが，BPOの存在を前提にしつつ，事業者の内部機関であること，視聴者を何らかの形で取り込むこと等，その独自の意義を発展させることが考えられても良いのではないか[29]。

単純集計表

※本章において用いた全国調査の概要及び質問の単純集計値は，以下のとおりである。

■調査概要
・調査時期：2015（平成27）年11月27日（金）～12月9日（水）
・調査対象：全国15歳～79歳，男女個人
・サンプルサイズ：1,200
・サンプリング方法：住宅地図データベースから世帯を抽出し，個人を割当て1
　　　　　　　　　　地点6人抽出×200地点
・実施方法：契約調査員による個別訪問留置調査
・調査機関：㈱日本リサーチセンター

■質問文および単純集計値（単位は％，n＝1,200）

問1　あなたは，BPO（放送倫理・番組向上機構）という，テレビやラジオの放送
　　内容への苦情や放送倫理の問題に対応する第三者機関があることをご存じですか。
　　（○は1つだけ）
　　　1．知っており，活動内容も知っている　7.3
　　　2．知っているが，組織や組織の名称を見聞きしたことがある程度　44.1
　　　3．知らない　48.0
　　　無回答　0.6

問2　誰がBPOを設置していると考えていますか。（○は1つだけ）
　　　1．国ないし国が運営する機関　7.8　　　2．国と放送事業者　12.8
　　　3．NHK　0.3　　　　　　　　　　　　　4．民間放送　4.5
　　　5．NHKと民間放送　21.1　　　　　　　6．放送事業者と新聞社　2.4
　　　7．消費者団体等　4.5　　　　　　　　　8．その他　1.0
　　　9．わからない　45.4　　　　　　　　　無回答　0.2

問3　あなたは，どの媒体でBPOを見聞きしたことがありますか。あてはまるもの
　　をすべてお答えください。（○はいくつでも）
　　　　1．テレビ（ニュースや情報番組）69.4　　2．テレビCM　21.7
　　　　3．ラジオ（ニュースや情報番組）7.1　　　4．ラジオCM　4.9
　　　　5．新聞　19.6　　　　　　　　　　　　　6．雑誌　2.4
　　　　7．インターネット　12.5　　　　　　　　8．その他　0.8
　　　　9．このなかには1つもない　0.3　　　　10．覚えていない　8.4
　　　　無回答　1.5

問4　BPOについて，どのようなイメージをお持ちですか。次のa）～f）につい
　　てそれぞれお答えください。（それぞれ○は1つずつ）

a）放送倫理や番組の向上に役立っている
　　　　1．そう思う　14.4　　　　　　　　2．ややそう思う　43.3
　　　　3．どちらともいえない　27.6　　　4．あまりそう思わない　8.4
　　　　5．そう思わない　5.2　　　　　　無回答　1.1

b）番組の表現や内容に枠をはめるため，番組をつまらなくしている
　　　　1．そう思う　7.9　　　　　　　　2．ややそう思う　17.2
　　　　3．どちらともいえない　43.6　　　4．あまりそう思わない　19.9
　　　　5．そう思わない　9.9　　　　　　無回答　1.5

c）放送局を指導・監督している
　　　　1．そう思う　10.7　　　　　　　　2．ややそう思う　34.2
　　　　3．どちらともいえない　35.2　　　4．あまりそう思わない　11.2
　　　　5．そう思わない　7.5　　　　　　無回答　1.3

d）放送局側に立っている組織である
　　　　1．そう思う　5.2　　　　　　　　2．ややそう思う　12.0
　　　　3．どちらともいえない　48.5　　　4．あまりそう思わない　22.4
　　　　5．そう思わない　10.4　　　　　無回答　1.6

e）国や政府側に立っている組織である
　　　　1．そう思う　4.9　　　　　　　　2．ややそう思う　16.2
　　　　3．どちらともいえない　52.4　　　4．あまりそう思わない　14.9
　　　　5．そう思わない　10.2　　　　　無回答　1.5

第5章　BPOの意義と課題

f) 視聴者側に立っている組織である
　　　1．そう思う　4.7　　　　　　　2．ややそう思う　21.4
　　　3．どちらともいえない　48.3　　4．あまりそう思わない　14.6
　　　5．そう思わない　9.9　　　　　　無回答　1.1

問5　BPOでは主に，次のa) ～c) の活動を行っています。あなたは，こういっ
　　　た活動を行っていることをご存じでしたか。(それぞれ○は1つずつ)

a) 放送倫理上の問題（例：虚偽の放送など）の有無に関する審議や審理を行って
　　いる
　　　1．知っていた　79.1　　　　　　2．知らなかった　19.9
　　　無回答　1.0

b) 放送による人権侵害の被害の救済を行っている
　　　1．知っていた　44.7　　　　　　2．知らなかった　54.3
　　　無回答　1.0

c) 青少年に対する放送や番組のあり方に関して議論し，意見や見解を発表してい
　　る
　　　1．知っていた　50.9　　　　　　2．知らなかった　48.0
　　　無回答　　1.1

問6　視聴者がBPOに対して，テレビやラジオに関する意見（問題の指摘，批判，
　　　推奨，要望など）を伝えられることをご存じでしたか。(○は1つだけ)
　　　1．知っていた　41.3　　　　　　2．知らなかった　53.8
　　　無回答　4.9

問7　あなたは，事実の正しさが争われていたり，様々な意見が対立していたりし
　　　ている事柄について，次のa) ～g) の発表や報道等は，どの程度信頼できる
　　　とお考えですか。(それぞれ○は1つずつ)

a) 政府の発表
　　　1．信頼できる　6.3　　　　　　　2．やや信頼できる　29.6
　　　3．どちらともいえない　38.4　　4．あまり信頼できない　19.8
　　　5．信頼しない　4.8　　　　　　　無回答　1.3

b）研究者等の専門家の意見
　　1．信頼できる　5.8　　　　　　2．やや信頼できる　39.7
　　3．どちらともいえない　42.7　4．あまり信頼できない　8.0
　　5．信頼しない　2.3　　　　　　無回答　1.6

c）新聞の報道
　　1．信頼できる　7.5　　　　　　2．やや信頼できる　45.8
　　3．どちらともいえない　35.9　4．あまり信頼できない　7.4
　　5．信頼しない　2.0　　　　　　無回答　1.3

d）テレビの番組
　　1．信頼できる　3.9　　　　　　2．やや信頼できる　35.6
　　3．どちらともいえない　44.1　4．あまり信頼できない　12.0
　　5．信頼しない　3.0　　　　　　無回答　1.4

e）雑誌の記事
　　1．信頼できる　1.3　　　　　　2．やや信頼できる　13.7
　　3．どちらともいえない　45.8　4．あまり信頼できない　30.1
　　5．信頼しない　7.5　　　　　　無回答　1.7

f）インターネット上の情報
　　1．信頼できる　1.6　　　　　　2．やや信頼できる　19.9
　　3．どちらともいえない　52.3　4．あまり信頼できない　17.8
　　5．信頼しない　4.9　　　　　　無回答　3.6

g）家族・友人の意見
　　1．信頼できる　5.7　　　　　　2．やや信頼できる　30.1
　　3．どちらともいえない　53.7　4．あまり信頼できない　8.1
　　5．信頼しない　0.9　　　　　　無回答　1.6

問8　放送倫理が問題になった案件には，次のa）〜f）のようなものがあります。
　　あなたは，これらの案件についてご存じでしたか。（それぞれ○は1つずつ）

a）NHK「クローズアップ現代」の「出家詐欺」報道
　　1．案件もBPOとの関係も知っていた　10.9
　　2．案件を知っていた　36.3
　　3．知らなかった　51.3

第5章　BPOの意義と課題

　　　無回答　1.6

b）テレビ各局の「全聾の天才作曲家」番組
　　1．案件もBPOとの関係も知っていた　8.8
　　2．案件を知っていた　43.5
　　3．知らなかった　45.9　　　　　　無回答　1.8

c）テレビ朝日「報道ステーション」の川内原発報道
　　1．案件もBPOとの関係も知っていた　4.8
　　2．案件を知っていた　37.5
　　3．知らなかった　55.9　　　　　　無回答　1.8

d）テレビ各局の光市母子殺害事件報道
　　1．案件もBPOとの関係も知っていた　5.6
　　2．案件を知っていた　44.1
　　3．知らなかった　48.1　　　　　　無回答　2.3

e）TBS「みのもんたの朝ズバッ！」の不二家関連報道
　　1．案件もBPOとの関係も知っていた　3.4
　　2．案件を知っていた　23.7
　　3．知らなかった　70.7　　　　　　無回答　2.3

f）関西テレビ「発掘！あるある大辞典Ⅱ」の納豆ダイエット
　　1．案件もBPOとの関係も知っていた　6.2
　　2．案件を知っていた　30.8
　　3．知らなかった　61.2　　　　　　無回答　1.8

問9　BPOは，民間放送事業者とNHKが共同で設立・運営していますが，放送事
　　業者からは完全に独立した第三者機関です。あなたは，テレビやラジオ番組の
　　規律のあり方について，どのようにお考えですか。あなたのお考えにもっとも
　　近いものを1つだけお選びください。（○は1つだけ）
　　　　1．放送番組は放送局の判断で自主的に律するべきで，第三者機関も含め外
　　　　　部から規律・規制などするべきではない　6.7
　　　　2．放送番組は，BPOのような政府・国が全く関与しない第三者機関を通し
　　　　　て規律されるべきだ　31.4
　　　　3．放送番組は，BPOとは異なり，政府・国が設立する第三者機関を通して
　　　　　規律されるべきだ　3.7

125

4．放送番組は，政府・国が直接規制を行うべきだ　0.8
　　5．放送番組に問題があると感じた場合は，視聴者や企業，団体などが個々
　　　に裁判などを通じて対応すべきだ　5.7
　　6．このなかには1つもない　4.1
　　7．わからない／考えを持ち合わせていない　46.8
　　無回答　0.9

問10　あなたは，ふだん視聴されているテレビやラジオ番組について，どのように
　　　お考えですか。（○は1つだけ）
　　1．十分満足している　4.7
　　2．おおむね満足している　46
　　3．不満がある　11.3
　　4．非常に不満がある　2.1
　　5．どちらともいえない　35.7
　　無回答　0.3

●注●
1）　本橋春紀「自主規制―民間放送を例に」駒村圭吾＝鈴木秀美編『表現の自由
　　Ⅱ』（2011）356頁以下は，放送における公的規制と自主規制の連関について概説
　　した上で，番組制作者の参加度が低く視聴者・市民の参加度が高い点に，他の自
　　主規制と比較したBPOの特徴を求めている。
2）　水島宏明「BPOの存在意義は広く理解されているのか？」『GALAC』2016年
　　3月号，12頁以下，川本裕司「BPO意見書で噴出した政治家の本音」同20頁以
　　下参照。曽我部真裕氏（現人権委委員）のインタビュー「お手盛りか独立か？
　　報ステ・クロ現で注目のBPOとは？」（2015年4月23日。http://thepage.jp/detail/
　　20150423-00000008-wordleaf）も参照。
3）　以下で参照する論文やBPO関係者へのインタビュー記事，BPOホームペー
　　ジ（http://www.bpo.gr.jp）等を参照した。また下記の方々に筆者がインタビュ
　　ーした。
　　・本橋春紀氏（元BPO事務局長）　2015年9月16日
　　・濱田純一氏（BPO理事長）（三好晴海BPO専務理事も同席）　2016年3月3日
　　　さらに，小山剛氏（元人権委委員）からは，国際基督教大学社会科学研究所公
　　開シンポジウム「放送・メディア・表現の現在―情報通信規制の現在を踏まえて」
　　（2013年11月25日）において貴重なご教示を頂いた（同シンポジウムの記録は『社
　　会科学ジャーナル』81号（2016）65頁以下）。この場を借りて上記の方々に厚く
　　御礼申し上げる。

第5章　BPOの意義と課題

4）　清水直樹「放送番組の規制のあり方」『調査と情報』597号（2007）参照。

5）　放送と青少年に関する委員会の概要は次のとおりである。

　　同委員会の任務は，㈦放送と青少年に関する視聴者の意見の把握および審議，㈠前号の審議に基づく見解の構成員への報告および公表，㈢視聴者からの意見の構成員および関係団体への報告，㈣大学等研究機関と協力しての，放送と青少年に関する調査研究，㈤その他BPOの目的を達成するために必要な事項である（規約4条1項4号）。

　　同委員会は主として，青少年の視聴に問題がある等の視聴者意見があった番組を視聴して，「審議」をするかどうかを討論する。「審議」では，制作担当者との意見交換や書面での質問を行う。審議の結果がまとめられた「委員会の考え」は，放送事業者の自主的検討を促すものである。これに対して「見解」は委員の3分の2以上の賛成が必要であり，放送事業者の自主的検討を要請し，具体的検討結果についても報告を求めるものである。考え，見解及び見解に対する事業者の検討結果報告は公表される（運営規則2条1号）。

　　同委員会は，青少年が視聴する番組共通の問題について自主的に審議し，「見解」を公表することもできる（同条2号）。

　　同委員会はこれまで，「見解」3件，「提言・要望・声明・注意喚起」9件，「委員会の考え」5件を公表し，さらに委員長談話1件，委員長コメント2件を出している。

6）　楠茂樹「メディアの自己規律について：放送法改正法とBPO」『上智大学法学部50周年記念論文集』（2008）451頁以下は，TBS『みのもんたの朝ズバッ！』不二家関連の2番組に関する見解（検証委1号。2007年8月）を，「虚偽」の存在（の有無）それ自体を追求しないというスタンスを取るものとして批判的に分析している。

7）　奥田良胤「番組倫理の検証から見えてくるもの～BPO・放送倫理検証委員会の5年～」『放送研究と調査』2013年2月号，20頁以下参照。

8）　小山剛「BPO放送人権委員会—任期を終えて—」ドイツ憲法判例研究会編『憲法の規範力とメディア法』（2015）19頁以下参照。

9）　佐藤潤司「BPO『放送人権委員会』の審理に関する批判的考察—決定第46号の事例を中心に」『マス・コミュニケーション研究』82号（2013）143頁以下は，改善前の事例において，事業者側から見たデュー・プロセスの不備を批判していた。

10）　三宅弘「放送人権委員会の決定事例にみる名誉毀損と放送倫理違反」長谷川貞之ほか編著『メディアによる名誉毀損と損害賠償』（2011）246頁以下。他方，北口末広「近年の政治とメディアとBPOをめぐる諸問題の考察」『人権問題研究所紀要』1頁以下は，大阪市長選関連報道に「放送倫理上重大な問題あり」とした勧告（人権委51号。2013年10月）について，勧告に対する朝日放送のコメン

127

トが勧告の趣旨を表現方法の行き過ぎに歪曲しており，このようなことがBPO
のシステムが崩壊すると指摘している。

11) 柴田秀一「報道被害の実態と対策：放送メディアの立場から」長谷川ほか編著，
前掲注（10）52頁以下参照。韓永學『報道被害と反論権』（2005）253頁以下は，
一歩進んで，謝罪放送・訂正放送・反論放送を勧告できるよう，BRC（当時）
が苦情に加えて調停を扱うべきだと提言する。

12) 塩田幸司・関屋道雄「テレビ報道における匿名化とは〜BPO『顔なしインタ
ビュー等についての要望』をめぐって」『放送研究と調査』2014年12月号，2頁
以下。

13) 奥田良胤「判例法的積み上げ，着実に形成される倫理基準」『NHK放送文化
研究所年報　2007』265頁以下は，『BRC判断基準2005』も参考にしつつ，1997
〜2007年のBRCの活動を分析・評価している。『放送人権委員会　判断ガイド
2010』については三宅，前掲注（10）248頁以下参照。

14) 「BPOの活動に関する視聴者対象調査　結果の概要（2012年2月17日）」
（http://www.bpo.gr.jp/?p=4453&meta_key=2011）

15) 曽我部真裕「放送番組規律の『日本モデル』の形成と展開」大石眞先生還暦
記念『憲法改革の理念と展開』（2012）388頁。

16) 濱田純一・赤塚オホロ・砂川浩慶「座談会　放送の現場とBPO」『放送レポ
ート』256号（2015）21頁〔濱田発言〕。

17) 濱田ほか，前掲注（16）21頁以下〔濱田発言〕。

18) 原田大樹『自主規制の公法学的研究』（2007），生貝直人『情報社会と共同規
制』（2011）参照。山田健太『ジャーナリズムの行方』（2011）63頁における「メ
ディア内自主規制機関」か「独立メディア規制機関」かという問いかけとも視点
を共有するものであるように思われる。

19) 曽我部，前掲注（15）398頁以下。なお曽我部が強調するように，このような
権限調整規定を置くことでBPOに対する政府の監督権限が直ちに正当化される
わけではないことにも，留意する必要がある。

20) あくまで参考であるが，イギリスでは規制庁たるOfcom自らが放送綱領違反
の苦情申立てを処理するしくみとなっている。2014年度の実績は，放送に関する
事案は7,116件（苦情申立てでは28,755件）である。そのうち番組基準違反が申し
立てられた事案は6,912件あり，要調査事案は241件，そのなかで違反を認定した
のは126件である。また公正・プライバシー違反が申し立てられた事案は204件あ
り，本案審理は29件，そのなかで理由ありとされたのは8件である（Ofcom An-
nual Report 2014/15, pp. 123-124）。

21) 鈴木秀美「放送法の『番組編集準則』と表現の自由—BPO検証委『意見書』
をめぐって」『世界』2016年1月号，128頁。

22) 音好宏「BPOが政治・行政に異例の注文　放送を維持発展させる仕組み考え

る時期」『メディア展望』648号（2015）15頁。

23)　奥村信幸「まず先に放送局が変わらなきゃ」『GALAC』2016年3月号，33頁参照。

24)　濱田ほか，前掲注（16）21頁〔濱田発言〕。

25)　「川端和治・放送倫理検証委員長に聞く　BPOの使命は『ライ麦畑』のキャッチャー」『GALAC』2016年3月号，26頁。

26)　宍戸常寿「法制度から考える放送の現在」『月刊民放』2014年5月号，20頁。併せて，番組編集準則とりわけ政治的公平の要請を放送法から削除して「脱一法化」することも検討すべきである（「放送の力を引き出す制度へ」『月刊民放』2011年11月号，17頁）。

27)　濱田ほか，前掲注（16）22頁〔濱田発言〕。余談であるが，筆者は「参議院議員選挙にかかわる4番組についての意見」（検証委9号。2010年12月）に関連して，内部研修会の講師を務めたことがある。制作現場の方々の強い思いに触れ，また忌憚のない意見交換ができたことは，放送法の研究者として誠に良い機会であった。BPOの各委員会の判断が，このような経験の積み重ねに裏打ちされたものであるはずのことは，もっと強調されて良いように思われる。

28)　奥村信幸「BPO（放送倫理・番組向上機構）の機能と社会的意義」『立命館産業社会論集』45巻4号（2010）19頁以下。

29)　この点及び人権委の位置づけの明確化について，総務省「放送を巡る諸課題に関する検討会」第1回（2015年11月）における筆者のプレゼンテーション「放送を巡る諸課題―視聴者利益の確保・拡大の観点から」を参照。

第6章　日本放送協会（NHK）のインターネット活用業務について

林　　秀弥

第1節　はじめに

　近年のブロードバンドの普及等に伴う日本放送協会（以下「協会」又は「NHK」という。）のインターネットを通じた放送番組等の提供に対する国民・視聴者のニーズの急速な多様化・高度化を踏まえ，協会がインターネットを通じて放送番組等を提供する業務（以下「インターネット活用業務」という[1]。）をより迅速・柔軟に行えるようにするため，2014（平成26）年6月20日に成立した「放送法及び電波法の一部を改正する法律（平成26年法律第96号）」（以下「改正法」という。）においては，インターネット活用業務により提供できる対象が，「放送した」放送番組のみならず，「放送前」番組や「放送中」の放送番組を含め，全ての放送番組に拡大されるとともに，「放送番組に対する理解の増進に資する情報」も提供可能とされた。また，インターネット活用業務の実施については，協会が実施基準を定め，総務大臣の認可を受けなければならないこととされ，改正法において，協会のインターネット活用業務の拡大と併せて，実施基準の認可基準が法定された[2]。

　これを受けて，協会では改正法による改正後の放送法第20条第9項の規定に基づき同法同条第2項第2号及び第3号の業務（すなわちインターネット活用業務）について，改正法附則第2条の準備行為として2014年11月25日付で総務大臣に認可を申請した。その結果，2015年2月16日付で総務大臣より，下記のよ

第6章　日本放送協会（NHK）のインターネット活用業務について

うに条件付きで認可された。すなわち，

(1)　インターネット活用業務の実施に当たっては，公共放送としての先導的
　　役割を踏まえ，国民・視聴者の放送番組の視聴に有効なものとなるよう取
　　り組み，放送サービスの向上の観点から，当該業務の成果については，民
　　間放送事業者等の関連事業者からの求めに応じ共有に努めること。また，
　　それらの関連事業者との積極的な連携に努めるとともに，当該業務の市場
　　競争への影響や受信料の公平負担との関係及び透明性の確保を十分考慮す
　　ること。
(2)　「試験的な提供」は，以下のとおり行うこと。
　　①　本提供は段階的に行うものとし，新たな提供はそれまでの結果を検証
　　　しつつ効率的に実施すること。また，現行の受信料制度を踏まえて行う
　　　こと。
　　②　本提供の実施財源は受信料であることを踏まえ，試験としての目的に
　　　必要な期間及び費用の範囲内で行うこと。
(3)　毎年度の四半期ごとに，１．及び２．を含め，インターネット活用業務の
　　実施状況を示す書類を総務大臣に提出すること。

　これを受けてインターネット活用業務は，2015年４月１日から実施されてい
る。
　ただ，その実施に当たっては，当該業務については，「放送法第20条第２項
第２号及び第３号の業務の実施基準の認可に係る審査ガイドライン」において
「利用者からの意見・苦情等を適正に取り扱うために必要な措置を講ずるもの
であること」が求められており，事業者等からの意見・苦情等への対応を迅速
かつ適切に処理し，実施計画について適切性の観点から第三者による見解を得
ることを目的として，協会の定款59条に基づき，当該業務の審査委員会として
インターネット活用業務審査・評価委員会が設置された。本稿は，改正後の放
送法から審査委員会の審議に至る，インターネット活用業務をめぐる議論を整

131

理する。

第2節　改正法によるインターネット活用業務の扱い

2.1　改正法の概要

　改正前の放送法第20条第2項第2号は，いわゆる B to C 提供，すなわち，協会から直接利用者に提供する業務である。同号の業務は，同法「第15条の目的を達成するため」という制限付きではあるが，これまで「協会が放送した放送番組及びその編集上必要な資料（「既放送番組等」という）を，電気通信回線を通じて一般の利用に供すること」を，協会は業務として行えると定めていた[3]。今回改正法では，「協会が放送した又は放送する放送番組及びその編集上必要な資料その他の協会が放送した又は放送する放送番組に対する理解の増進に資する情報（「放送番組等」という。）を電気通信回線を通じて一般の利用に供すること（放送に該当するもの及び協会のテレビジョン放送による国内基幹放送の全ての放送番組を当該国内基幹放送と同時に一般の利用に供することを除く。）」に改められた。下線が変更部分である。

　これまで，総務大臣認可など別々の根拠規定により様々な形で実施されてきたインターネットを利用したコンテンツの B to C 提供を，整理・拡張し，今後はいわゆる「2項2号業務」一本で実施されることとなった[4]。この法改正により，インターネットを通じて提供できるコンテンツが拡大した[5]。第一に，「放送した」放送番組に限られなくなるからである。なんとなれば，「協会が放送した」番組だけでなく，「放送する」番組も含まれるからである。第二に，従来の「編集資料」に加え，「番組の理解増進に資する情報」にまで拡張されたからである。ただし，テレビの「常時」同時送信はできないよう規定されている。というのも，「テレビジョン放送による国内基幹放送の全ての放送番組を当該国内基幹放送と同時に一般の利用に供することを除く」とされているからである。第20条第2項第2号は，受信料財源により実施される無料提供のみならず，NHK オンデマンドのような有料提供のいずれにも適用される。

　また，改正後の放送法第20条第2項第3号は，インターネット事業者への B

第6章　日本放送協会（NHK）のインターネット活用業務について

to B 提供を内容とするものである。提供できるコンテンツは，2号業務（B to C 業務）と同様である。

協会のインターネット関連業務は，2号受信料財源業務（専ら受信料を財源として行う業務），2号有料業務（受信料財源業務以外の業務），3号受信料財源業務，3号有料業務の4つに分類される。また，2号業務[6]のうち有料のB to C 提供（NHK オンデマンド等，利用者負担のもの）と3号業務[7]のうちインターネット事業者に対するB to B 提供（有料）との2つをまとめて，一つのインターネット活用業務として，受信料を使用しないで独立採算で実施することとし，経理も区分して把握・表示することとされた。

インターネットを利用したB to C 提供，B to B 提供は，総務大臣認可を得て，協会が定める「放送法第20条第2項第2号及び第3号の業務の実施基準」（以下，「実施基準」という。）（改正後の放送法第20条第9項）によることが必要である。当該実施基準への必要的記載事項（改正後の放送法第20条第9項各号に定める事項）や総務大臣認可の審査基準（改正後の放送法第20条第10項各号に定める基準）は法定化されている。すなわち，「実施基準」への必要的記載事項として，①ネット活用業務の種類，内容，実施方法，②実施に要する費用に関する事項，③料金その他の提供条件に関する事項，④その他省令で定めるもの（苦情処理の仕組み等）が今般改正法に伴い改正された放送法施行規則（昭和二十五年電波監理委員会規則第十号）[8]の第12条の2に定められている。また「実施基準」の総務大臣認可の審査基準として，以下の基準を満たす場合には，総務大臣は認可する旨を規定している（改正後の放送法第20条第10項）。①協会の目的に資するものであること，②業務の種類，内容及び実施方法が適正かつ明確に定められていること（改正後の放送法第20条第10項2号），③受信料制度の趣旨に抵触するものでないこと，④過大な費用を要するものでないこと（規模の適正性），⑤サービス提供において，利用者の不当な差別的取り扱いをしないことや利用者の利益を不当に害さないこと，である。

また，改正法による改正後の放送法では，インターネット活用業務について，新たな事後的なチェック制度が導入された（第20条第13項）。すなわち，業務範

133

囲を広く認めてゆくなかで，協会の自主自律を尊重しつつ，事後の環境変化に
よって適切な見直しが行われるためにである。まず，定期的な見直しの点につ
いては，協会による自律的な見直しがなされるよう，協会自身が定期的（少な
くとも３年ごと）に技術発展，需要動向その他の事情を勘案してインターネッ
ト活用業務の実施状況を評価すること，そしてその評価結果に基づき，改善等
必要な措置9) を講ずるよう努めること（努力義務）である。次に，改正後の放
送法では，総務大臣の勧告制度が創設された（第20条第11項）。実施基準が認可
の審査基準に適合しないようになったと認められる場合には，総務大臣からま
ず実施基準を変更するよう「勧告」する制度である。いわゆる「勧告前置」で
あり，いきなり実施基準の取消しとならないようにする趣旨である。勧告には
強制力はなく，電波監理審議会（電監審）への諮問も必要はない。改正放送法
第20条第11項の勧告が電監審の諮問事項でない理由は，当該勧告については，
協会側に応諾義務がなく，総務大臣の行政行為として強制力がないことによる。

　実施基準の認可の取消し制度も創設された。これは，環境変化があり，認可
した基準が，審査基準に照らして適正でなくなる場合，大臣が認可を取り消し
うる旨を規定するものである（第20条第12項）。手続的には，まず「勧告」を行
い，協会の自主的な基準改正を促すことが必要である（勧告前置）。当該勧告
に従わない場合に，大臣は認可を取り消しうる10)。実施基準が取り消されると，
協会のインターネット活用業務は，その時点以降少なくとも新たな認可を得る
までは実施できなくなる。

2.2　インターネット活用業務に対する反応

(1)　民業圧迫との批判

　批判の第一は，NHK によるインターネットを活用したサービスが今後拡大
すれば，民業を圧迫することになるのではないかというものである。NHK と
民放という放送の「二元体制」のもと，多様性を確保しながら国民の知る権利
の確保などを実現しようとしてきた理念のなかで，NHK は自ら突出するので
はなく，「公共放送」から「公共メディア」へと変化を求めるならば，インタ

第6章 日本放送協会（NHK）のインターネット活用業務について

ーネット分野ばかりでなく，新聞などとの「多元体制」をどのように築いていくかが問われるのではないかという指摘11) も，この懸念の系譜に属するといえるかもしれない。この点については，総務省の認可基準でも意識されている。そしてそれなりの手当てがなされている。すなわち，協会のインターネット活用業務については，前述の改正後の放送法に基づき，協会が自ら業務の実施基準を定め，総務大臣の認可を受けなければならないとされており，その認可に当たっては，「市場の競争を阻害しないこと」等を基準として審査を実施しており，そうした審査の結果，インターネット活用業務の実施に当たっては，当該業務の市場競争への影響を十分考慮すること等を認可の条件とされたところである。そして認可された「実施基準」については，①これまで実施してきた国内ラジオ放送や国際放送の同時配信のほか，国内テレビ放送の一部について同時配信の「試験的な提供」を実施すること，②利用者向けに受信料財源で実施する業務の費用について，受信料収入の2.5％を上限とすること，③実施計画の策定・実施状況の評価に当たって，市場競争への影響を考慮・勘案することや，競合事業者等からの意見・苦情等について，外部委員からなるインターネット活用業務審査・評価委員会に検討を求め，その結果を尊重して必要な措置を講じること等が盛り込まれている。ここで問題とされるべきは，民業圧迫という漠然とした批判ではなく，むしろ，「市場の競争を阻害しないこと」という漠然とした認可基準である。これについては，項をあらためて論じる。

(2) 受信料との関係

　第二は，受信料との関係である。インターネット活用業務は，第64条第1項（受信契約締結義務）の趣旨に反してはならない。改正法による改正後の放送法第20条第10項第3号，及びそれを受けた総務省による「放送法第20条第2項第2号及び第3号の業務の実施基準の認可に係る審査ガイドライン」（以下，「ガイドライン」という）では，インターネット活用業務の種類，内容及び実施方法が，改正後の放送法第64条第1項で規定されている受信料制度の趣旨に照らして，不適切なものでないことが求められている。巷間では，「NHKのインタ

135

ーネットサービスの拡大を踏まえてテレビのない世帯からも料金を徴収する検討を始める。パソコンなどネット端末を持つ世帯に納付義務を課す案のほか，テレビの有無にかかわらず全世帯から取る案も浮上している。」との報道がなされた[12]。このことの真偽はともかく，インターネット活用業務によってインターネットで放送できる番組が増えることは確かである。NHK受信料の支払率は76％（2014年度）で，4人に1人は未払いの状況にあるなか[13]，国民・視聴者のあいだで，負担の不公平感は依然として少なからず存在している。現行の受信料制度は，NHKのテレビ放送を受信できる機器を設置した世帯から受信料を徴収する仕組みであるが，テレビ受信機がなくてもパソコンやスマートフォンがあればNHKのニュース映像は見ることができる。しかし，ネット経由でのNHKの提供情報・コンテンツへのアクセスはいわば「ただ乗り」であり，NHKがインターネット活用を加速すれば，受信料負担の不公平感がさらに拡大する懸念があるのではないかというものである。このことから，インターネット活用の本格化は現行の受信料制度との整合が最重要の課題であると議論された[14]。

　いうまでもなく受信料は，公共放送の社会的使命を果たすために必要な財源を，広く国民視聴者全体に公平に負担させるための特殊な負担金と位置づけられている[15]。公共放送としての協会の業務を支えるためには，受信料の公平負担の徹底は大変重要な課題である[16]。

　受信料の公平負担の徹底のためには，現行の「契約義務」を見直すことも考えられるが，世論の意見が分かれるところでもあり，幅広い議論が必要であろう。受信料制度の見直しにあたっては，国民・視聴者の幅広いコンセンサスが必要だからである。インターネットの普及に対応した受信料制度の在り方については，あまりに重いテーマであり，今回の一連のインターネット活用業務をめぐる議論においても，ほとんど深められていない。ただ，この議論はインターネット活用業務の「放送の補完」性と密接に関係する。この点は項をあらためて論ずる。

第6章　日本放送協会（NHK）のインターネット活用業務について

第3節　NHK のインターネット活用業務審査基準

3.1　提供されるインターネット活用業務の具体的内容

(1)　2号受信料財源業務（その1）：放送番組の提供

　前述のように，協会のインターネット関連業務は，2号受信料財源業務，2号有料業務，3号受信料財源業務，3号有料業務の4つに分類される。このうち，受信料の2.5%を上限に行われる2号受信料財源業務の第一の内容は，まず，放送番組の提供である。これには，①協会が放送しようとする放送番組（以下「放送予定番組」という），②協会が放送している放送番組（以下「放送中番組」という），③協会が放送した放送番組（以下「既放送番組」という）が含まれる。①の「放送予定番組」は，実施基準によれば，「放送番組の周知・広報のための提供であって，特に必要と認めるもの」であり，協会の広報番組がこれにあたる。②の「放送中番組」は，実施基準によれば，さらに4類型に分かれる。4類型の一つは，(a)ラジオ第1，第2放送および FM であり，具体的なインターネットサービスとしては，「らじる☆らじる」がこれに当たる。4類型の2つ目は，(b)国際放送および協会国際衛星放送（放送法第15条及び第20条第1項第4号，第5号）の放送番組であり，「NHK ワールド TV」「NHK ワールドラジオ日本」がこれに当たる。4類型の3つ目は，(c)「災害時における，国民の生命・財産の保護等に資するための情報その他の国民生活や社会全体に大きな影響を及ぼすものであって特に迅速に提供すべきものを伝える国内テレビ放送の放送番組」であり，災害時の緊急報道がこれに当たる。これまでも台風[17]，火山噴火[18] 等ですでに行われている。4類型の最後は，(d)国内テレビ放送の放送番組の時間内において，時差再生可能な形で行う当該放送番組であり，いわゆる Hybridcast[19] がこれに当たる。③の「既放送番組」は，広く視聴者が享受できるようにするため特に受信料を財源として提供することが適当と認めるものであり，放送した番組のうち提供が適当であるものを協会がその都度判断するものである。

⑵　２号受信料財源業務（その２）：理解増進情報の提供

　２号受信料財源業務の第二の内容は，インターネット活用業務による理解増進情報の提供である。理解増進情報とは，協会が放送した，又は放送する放送番組の編集上必要な資料その他の協会が放送した，又は放送する放送番組に対する理解の増進に資する情報（放送番組または当該情報を編集したものを含む）のことである[20]。理解増進情報には次のようなものが含まれる。①放送番組を周知・広報するもの，②放送番組等を再編集したもの，③放送番組の内容を解説・補足するものがあり，NHK の番組ホームページや NHK ワールドホームページ等がこれらに当たる（これらの情報は NHK のホームページである NHK ONLINE から辿ることができる。）。このほか，④放送番組のために収集した情報であって災害等の予防や被害の軽減に資するものとして，防災・ニュースアプリや NHK NEWS WEB ホームページが，⑤既放送番組の一部を編集したもの，又は当該番組のために収集した資料であって創作用素材として提供するものとして，NHK アーカイブスやクリエイティブライブラリーが挙げられる。⑥その他，放送番組の視聴に関して参考となるべき情報も含まれる。

⑶　２号受信料財源業務（その３）：放送番組の試験的提供

　２号受信料財源業務の第三の内容は，放送番組の試験的提供である。インターネット活用業務では，２号受信料財源業務に係るサービスの向上・改善の検討に資するため，協会は，試験的な放送番組等の提供を行うことができる。試験的提供の目的は，放送を補完する観点から，国内テレビジョン放送（総合放送・教育放送）の放送番組を「放送と同時に」提供するサービスの改善・向上の検討に資することである。放送と同時に提供する点に，本サービスの特徴がある。試験的な提供の種類・内容は，「試験的提供 A」と「試験的提供 B」に分けられる。試験的提供 A は，国内テレビジョン放送（総合放送・教育放送）の放送番組のうち，特定の項目[21] について検証するため，その検証に適した特定の生放送番組の若干を，一般に対して試験的に提供するものである。試験的提供 B は，国内テレビジョン放送（総合放送・教育放送）の放送番組を，受

第6章 日本放送協会（NHK）のインターネット活用業務について

信契約者（その世帯構成員を含む）から募集・依頼する参加者を対象に，試験的提供Aと同じ項目について検証するため，1日16時間以内の範囲で，期間を限定して試験的に提供するものである。試験的提供Aの規模については，スポーツイベントの生放送番組から検証項目にふさわしいものを選定して実施するとされ，対象イベントは年間5件程度（1日あたり最大4時間程度）を超えない範囲としている[22]。他方，試験的提供Bの規模については，試験的な提供1回あたりの提供期間は，1週間から3ヵ月以内とし，その期間は提供するたびごとに個別に定めるとされ，参加者は，受信契約者（その世帯構成員を含む。）から募集した数千人から1万人以内の規模とし，これも提供するたびごとに個別に定めるとしている[23]。

　このようにあくまで「試験的」提供なのであって，試験的提供Aであれ B であれ，①実施日時（期間），提供内容費用等を含む試験計画を事前に作成し，公表すること，②実施に際しては，試験的な提供であることを明示すること，③試験的な提供が終了する都度，提供した放送番組および提供時間を協会のホームページで公表すること，④試験結果については，終了後速やかに取りまとめ，協会のホームページで公表すること，とされている。

3.2 インターネット活用業務の提供条件等

　2号受信料財源業務については，①料金その他の提供条件として，利用者に対価を求めることなく実施すること，必要に応じ，提供対象を受信契約者に限定することとされている。②利用規約の作成として，利用者保護の観点から，あらかじめサービス内容を公表するとともに，協会および利用者の責任に関する事項等を含む規定を定めることとされている。さらに③個人情報等の保護として，個人情報を取得する場合，「NHK 個人情報保護方針」，「NHK 個人情報保護規定」，その他確立された規範を遵守することとされている。

　次に2号有料業務については，現在実施されている「NHK オンデマンド」の状況を見ると，上記①②③に加えて[24]，④プラットフォーム事業者からの契約の申し出への対応（サービスを原則一体として取り扱い，サービスのコンテンツ

139

編成は協会が行う），⑤利用に関する契約の取次ぎ（本サービスの利用に関する契約の取次ぎは，受信料の契約・収納活動と一緒に行わない），⑥周知・広報活動（本サービスの周知・広報は，協会の品位と信頼を確保するとともに，公正競争の確保に留意しつつ，当該業務の目的に資するよう，実施する）が定められている。

　3号受信料財源業務の提供条件は，①料金その他の提供条件について特徴がある。当該業務については，原則として，3号対象事業者が利用者に利用の対価を求めることなく実施することが提供の条件とされている。また，3号対象事業者の使用の目的・態様が次に掲げる事項のいずれかに該当するときは，提供しないとされている。審査基準の内容を要約すれば，(a)協会の性格，使命，ブランドを損なうおそれがあるとき，(b)3号対象事業者が，当該提供により過大な利益を得ることになるとき，(c)2号受信料財源業務に係る審査基準の基準の定める規律を没却するおそれがあるとき，(d)その他，協会の業務の実施に支障があると認めるとき，第三者の権利を侵害するおそれがあるとき，利用者に協会が特定の商品等を推奨している等の誤認を生じさせるおそれのあるとき，公序良俗に反するものと認められるときである。

　3号有料業務の提供条件については，(a)(b)(d)の点は3号受信料財源業務におけると同様であるが（(c)については条件に入っていない），次にあげる観点を総合的に考慮し提供の求めに係る事業者と合意したところにより提供することとされている。例示すれば，広く一般の利用による放送番組等の活用機会の拡大に資するか否か，提供に要する費用を賄うのに足る提供料収入があるか否か（ただし，公共の利益に資すると認めるとき，その他に理由がある場合はこの限りではない）。ここでのポイントは，提供にあたっては，協会との取引関係および資本関係の有無にかかわらず，特定の事業者を不当に差別的に取り扱わないことであると思われる。

第4節　インターネット活用業務審査・評価委員会

4.1　委員会の設置根拠

　インターネット対象業務については，各事業年度の開始前に収支計画を含め

た主要な業務ごとの「実施計画」を策定・公表し，これに則って実施される。
NHKから諮問されて，各年度の「インターネットサービス実施計画（案）」を
審議し，妥当かどうか答申を出すのが，インターネット活用業務審査・評価委
員会（以下，「審査委員会」という）である。

　審査委員会は，NHK会長の諮問機関でありNHKに設置されている。審査
委員会は，業務実施計画等の評価を行うとともに[25]，苦情の対応策について検
討し苦情等の処理を行うものである[26]。

　審査委員会は，インターネット活用業務における適正性の確保に資するため，
協会の定款59条に基づき，実施基準第6部8の②の審査委員会として設置され
たものである。協会が定めた「インターネット苦情処理・競争等評価委員会規
程」（2015（平成27）年2月24日NHK会長指示）に基づいて，インターネット活
用業務審査・評価委員会運営要領が審査委員会で決定されている。同要領7条
1項及び2項に基づき，議事概要については，協会ホームページにおいて公開
されることとされている。

4.2　委員会の役割

　審査委員会の役割は，「インターネット活用業務審査・評価委員会規程」4
条に記載されている。その主たる役割は，協会に寄せられたインターネット活
用業務に関する意見・苦情等に対し，採るべき対応を検討し，その結果を会長
に報告すること，会長の諮問に応じ，インターネット活用業務の実施計画，評
価その他インターネット活用業務の実施に関する事項について，その適正性の
確保の観点からの見解を述べることであり，抽象度の高いものとなっている。
そこで，ここで明記された役割が審査委員会での数度の検討を経て，2015年11
月27日の答申において，「…放送法第15条の目的達成に資する公共性を有する
ものであること，さらに，市場影響が想定されるサービスについては，公共的
価値と競争影響の総合衡量を前提に，当該サービスの公共性がより求められる
と考えれる」というアプローチが示されたものである。このような流れのなか
で，「委員会規程」の抽象的基準から引き出された任務を具体的に敷衍してい

くなかで，2016（平成28）年度計画の審議において，審査委員会は，協会が実施するインターネットサービスが，「実施基準」に則り，放送法第15条の目的達成に資する公共性を有するものであること，さらに，市場影響が想定されるサービスについては，公共的価値と競争影響の総合衡量を前提に，当該サービスの公共性について審査するものである。

　この審査基準のあり方がきわめて重要であって，総務省「放送政策に関する調査研究会（放政研）〔第一次取りまとめ〕」が打ち出した「公共性が認められること」[27]，「放送の補完の範囲にとどまるものであること」[28]，「市場への影響（への配慮）」[29] の３原則の範囲内であることをどう考えるかということだからである。「公共性」については，放送法第15条等において，公共放送事業者としての責務及び果たすべき公益性を抽象的に規定するにとどまっており，これはつまるところ，公共放送として当然に実施すべきものに該当するか否かが問われている。特にインターネット活用業務につき公共性の観点から実施の妥当性に欠けるサービスが行われていないかが問われる。第二の「放送の補完の範囲にとどまるものであること」については，「放送番組との密接関連性はあるか」，「支出規模は妥当なものであるか」が問われるものである。特に，実施基準に照らし，放送番組との関連で適切な計画及び運用状況となっているか，受信料財源業務につき，規定された費用内での運用となっているかが問題となる。協会は，必須業務として国内基幹放送があり，任意業務として第15条の「目的」を果たすための「オンラインサービス」（第20条）という放送法上の位置付けにおいて，「放送の補完」という意味は大きい。第三の「市場競争への影響」については，「市場への影響度について考慮しているか」，もしあるとして，「市場への影響が相当程度あると認める場合，所要の処置をとっているか，またその措置は合理的か」が問われる。特に，提供するインターネット活用業務が市場への影響について考慮したものになっているか，また，市場への影響は妥当な手法で考慮されているか，市場への影響がある場合，合理的な措置がとられているかが問題となる。

　インターネット活用業務における審査のあり方については，本稿の中心をな

第6章　日本放送協会（NHK）のインターネット活用業務について

すものであるため，項をあらためて論ずる。

第5節　インターネット活用業務の評価のあり方：公共性と市場競争への影響をめぐって

5.1　総合衡量論

　前述のように，協会が実施するインターネットサービスは，実施基準に則り，放送法第15条の目的達成に資する公共性を有するものであること，さらに，市場影響が想定されるサービスについては，公共的価値と競争影響の「総合衡量」を前提に，当該サービスの公共性が判断される。審査委員会の答申はそのようなアプローチを示している[30]。しかし，「総合衡量」とはいったいどのような判断手法なのか，そもそも「公共性」と「市場競争への影響」という質的に異なる価値基準を「衡量」することなどが可能なのか，疑問が生ずるところである。この点について考えてみたい。

5.2　公共的価値論

（1）法制面

　まず，放送法上，放送の公共性についてどのように規定されているのであろうか。まず第1条において「放送が国民に最大限に普及されて，その効用をもたらすことを保障すること」「放送の不偏不党，真実及び自立を保障することによって，放送による表現の自由を確保すること」「放送に携わる者の職責を明らかにすることによって，放送が健全な民主主義の発達に資するようにすること」が謳われ，もちろん，これは協会に限られるものではない。協会については，「協会は，公共の福祉のために，あまねく日本全国において受信できるように豊かで，かつ，よい放送番組による国内基幹放送を行うとともに，放送及びその受信の進歩発達に必要な業務を行い，あわせて国際放送及び協会国際衛星放送を行うことを目的とする」（第15条）と定められ，公共放送事業者としての責務及び果たすべき公益性が抽象的に規定されるにとどまる（このほか，その業務については放送法第81条，第83条等にも規定が設けられ，放送事業者一般

143

向けには第4条にも規定が設けられている）。これは，BBC（英国放送協会）の The Royal Charter（特許状）[31] において，公共性を6つの公共目的の形で定義づけし，各規定において公共6目的への貢献を明示することで，サービスが果たす公共性を規定しているのと類似している。The Agreement（協定書）[32] においても公共性に関する同様の記述がある。

　また，インターネット活用業務の認可条件は，「当該業務の市場競争への影響や受信料の公平負担との関係及び透明性の確保を十分考慮すること」といった抽象的な中身にとどまるものであり，総務省の前記ガイドラインも，実施基準の認可に当たり，今般法定された認可基準の審査項目について「市場の競争を阻害しないこと」という抽象的な表現をするにとどまる。これは要するに，法令上は，または政府としては，放送法第15条等において，公共放送事業者としての責務及び果たすべき公益性を抽象的に規定にするにとどまり，審査基準について過度に詳細に記述することを避けできるかぎり謙抑的に対応することにとどめ，競争評価の考え方や具体的な実施方法などは協会に委ねられている。ただし，放送法上，認可の撤回が制度化されていることに鑑みると，協会に委ねられているのも，あくまで認可の撤回がなされない範囲にとどまる。いずれにせよ，基本線としては，提供するサービスにおける規律は協会自身で行うものとされている。であるからこそ，協会はインターネット活用業務の競争評価にあたって，いわば外部目線が必要と考えられるため，審査委員会にて検討することを諮問したものと思われる。敷衍すれば，放送の公共性と，それと結びついたインターネット活用業務への「公共性」の波及の考え方であるとか，放送のみならずインターネットも含めた「市場」競争への影響の考え方を検討することは，これまでに類を見ない内容であること，検討自体の独立性や透明性が必要であることから，審査委員会に諮問されたものである。

(2)　協会の示す基準

　このように，競争評価の考え方，具体的な実施方法などは協会に委ねられており，これを受けて協会は，総務省より認可された実施基準において，インタ

144

第6章　日本放送協会（NHK）のインターネット活用業務について

ーネット活用業務が公共性に資する旨の記載をしている。すなわち，「対象業務は，放送番組等を，電気通信回線を通じて一般の利用に供しまたは放送番組を電気通信回線を通じて一般の利用に供する事業を行う者に提供することにより，協会が行う放送を補完してその効果・効用を高め，または国民共有の財産であるこれらの放送番組を広く国民に還元するなど，法第15条の目的を達成するために実施する」。また，平成27年度実施計画においても，公共性に資する旨の記載がある。すなわち，「さまざまな情報，とりわけ安心安全に関する情報を伝える」「できるだけ多様な伝送路を用いて情報を伝える」「確かな情報拡散が指摘される社会で人と人とを正確な情報でつなぐ」「つながりの希薄化が指摘される社会で人と人とを正確な情報でつなぐ」という表現はみられるが，公益性に関して体系的な定義がされていない。この点は，BBC が一歩先を行っていると思われる[33]。

5.3　市場への影響

⑴　「市場競争への影響」ということの意味

　市場への影響を見る際に，協会では，総務省の「電気通信事業分野における競争状況の評価」の考え方をもとに[34]，市場の範囲を画定し，市場集中度とシェアを算出し，評価が行われた。結論として，「公共的な価値と市場競争への影響の比較衡量を適切に行うためにも，今後，前者について，基準に相当するものを検討していくべきである。前年度からの業務の拡大の規模，協会における様々な市場シェア試算から考えると，直ちに競争阻害のおそれがあるとは考えられない。ただし，コンテンツ分野においてどのように市場を画定するか等がまだ確立しておらず，今後，研究を進め，説明責任の向上に努めるべきである」[35]とされている。

　これまで，市場競争への影響については，いくつかの懸念が提起されてきた。例えば，「放送法第20条第2項第2号及び第3号の業務の実施基準の認可に係る審査ガイドライン案」に対する意見募集について，「『民間部門といたずらに競合する業務を行うものでないか，市場の競争を阻害しないか，といった点に

ついても，業務の性質に応じて一定程度勘案するものである』とありますが，NHK が行うインターネット活用業務による民間部門への影響は十分に勘案する必要があることから，当該箇所の『一定程度』を『十分に』に修正するよう要望します」という意見があった[36]。当該意見に対する総務省の考え方は，「協会のインターネット活用業務については，その業務ごとに内容や，市場の規模，競争状況等が異なることから，審査に当たっては，それに応じて『民間部門といたずらに競合する業務を行うものでないか，市場の競争を阻害しないか，といった点』を勘案することとしており，『一定程度』とは勘案に幅があることを示すものとして適当であると考えます」というものであった。この総務省の回答から得られる示唆は，協会が実施するサービスが法第15条の目的達成に資するものであることを事業者への影響と併せて考慮する場合，各業務の内容に応じて民間部門との一定程度の競合は許容し得るというものであろう。

　当該意見募集では，「本審査項目の市場競争の評価対象は，『民間競合事業者』すなわち，NHK のインターネット活用業務と同種のサービスを行う事業者とされていますが，NHK がインターネットで放送類似サービスを行う場合などは，民間放送事業への影響が懸念されます。審査にあたって民間放送事業への影響を十分に考慮することを本ガイドラインに明記するよう要望します。」という意見もあった[37]。これに対する総務省の考え方は，「民間で既に実施されている同種サービスの市場の規模，シェア等を勘案して，インターネット活用業務が市場の競争を阻害するようなものとなっていないことが必要である。」というものである。NHK のインターネット活用業務は，必須業務ではなく任意業務であり，しかも，NHK の放送と異なり有料サービスとすることも可能である。財源の異なる放送事業者が併存することを法制上の前提として両者の切磋琢磨を法制上期待する放送の二元体制といかなる関係に立つのかについて今後，検討が必要であろう。

(2)　評価の視点

　我が国の放送制度は放送法第15条に基づき，協会と民間放送との並存体制，

第6章　日本放送協会（NHK）のインターネット活用業務について

すなわち二元体制による質の競争から，放送番組の発展を目指している（質の高い放送番組の提供）。そこでは，市場における競争への影響は一つには広告市場をもとに判断され，視聴率と広告収入は比例関係にあるために，視聴率を用いて事業者間の競争（広告市場）を見るというものである。一方，対視聴者の市場においては，視聴率に民放との二元体制による質の競争の側面も反映させるのは限界があることから，協会においては自らの「3か年経営計画」で示された14の指標[38]に基づき，経営・番組の質的評価も実施している（正確には，公共放送の目的・役割達成度の評価が14指標であり，番組については，その下位にさらに波単位等で10指標が置かれている）。

　このように，市場競争への影響といった場合，ここで「市場」とは，「広告市場」と「視聴者競争」である。そして，広告市場は，競争法的な判断になじむものであって，放送事業者はCM枠という一種の役務を提供する代わりに，広告料を受け取るという意味で[39]，「一定の取引分野」が成立している。協会はそもそも広告を行わないために，広告市場のプレイヤーではないようにも見えるが，ただ前述のように，視聴率と広告収入は一定の比例関係にあるために，視聴率の高低は，放送事業者の売上げに影響する。協会と民間放送事業者は，視聴率という代理変数をめぐって，放送番組の質の競争を行っており，それが間接的に広告市場における事業者にも影響を与えているという意味において，協会が広告市場から全く無縁というわけでもない。これに対して，視聴者（利用者）市場は，趣を異にする。すなわち，質的な観点から「内容の多様性」が求められるし，マスメディア集中排除原則にみられるように[40]，放送する主体の構造的多元性の確保も求められる。視聴者市場においては，例えば，BBCにおいては，BBCトラストは，提案されたサービスが前記公共6目的の達成に適うものであるか，またサービスのクオリティー，リーチ，インパクト，費用対効果を視聴者視点で評価することが求められ（Public Value Assessment），BBCトラストが，事業者間の影響及び利用者への影響の双方を衡量して，BBCの提供するサービスを評価する。その際，サービスの公共的価値が市場競争への影響（ここでは端的に他の民間事業者に与える影響）を上回れば（比較衡

量)，サービスは承認される。しかし，比較衡量といっても，定量的なアプローチがとられるわけではなく，判断権者（ここではBBCトラスト）の総合判断である。

注意すべきは，そのような比較衡量アプローチは，（言葉こそ「総合衡量」ではあるが）我が国でもまさに取られようとしているのであって，であるならば，インターネットサービスの市場の競争への影響の評価の視点として，法第15条の目的達成に資するサービスの公共性（目的）が，「誰に対して」「どのような」影響を与え，またその影響を「どのように測るのか」を明確にしておかねばなるまい。

5.4 「総合衡量」アプローチの構造化に向けて

まず，広告市場（事業者競争の市場）においては，競争法（独占禁止法）の分析手法がそのまま妥当する。市場の画定は競争法で用いられる仮想独占者テスト（SSNIP）を利用することが可能であるし[41]，事業者間の公正かつ自由な競争が妨げられていないかという視点で市場競争への影響を考慮することも可能である。カテゴリの類似性の観点，利用者の嗜好の観点からそれぞれ，放送類似のジャンル別，マーケティング会社等によるサイト区分におけるサイト利用者数でシェアを測定し，インターネット活用業務による事業者への影響をみることができよう。

他方，視聴者市場では，法15条の目的達成に資するサービスの公共性（目的）が誰に対して影響を与えるのか，また当該影響をどのように測るのかについて検討する必要がある。第一に，誰に対してどのような影響を与えるのか。これは，サービスがどのような公共性（目的）に基づき実施されるのか，サービスの公共性（目的）がどのような利用者に対して影響を与えるのか，という２点である。第二に，サービスの公共性（目的）が利用者に与える影響をどのように測るのか（影響を測る指標について）である。

上記の第一の点については，インターネット活用業務における利用者市場という茫漠とした市場を，媒体に応じて細分化することが必要である。例えば，

148

第6章　日本放送協会（NHK）のインターネット活用業務について

TV，Web，映画，出版等のコンテンツ提供媒体ごとに市場を区分し，それぞれの媒体を一つの市場と捉える考え方もあれば，インターネット市場においては，さらにプラットフォームごとの細分化も考えうる。このような細分化とともに，市場をスマートフォンやアプリごとに区分し，Webサイト全体やアプリにおける利用者数・総利用時間シェアを算出することもできよう。媒体ごとに市場を区分するという場合，（ニュースを見たい等）同じ動機（嗜好）を持った視聴者としてコンテンツ市場を括ることができるか（需要者の代替性），同じ効用を提供するコンテンツ同士で括ることができるか（供給者の代替性），細分化しない場合，提供内容の異なるコンテンツ間で市場影響についてどのように因果関係をみるべきか，が問題となろう。コンテンツ市場全体を見る場合，インターネット市場への影響を考慮する際に，放送市場の支配力のレバレッジを考慮するべきか，あるいは，異なる媒体間で同一指標を用いることの適切性についても検討が必要である。

　上記第二の，視聴者市場への影響を捉える「指標」については，例えば，「量」を指標とする考え方として，純粋に利用者がサービスを閲覧した数で利用者動向を検討する考え方やページビュー（ページを閲覧した回数），サイトを訪問したユーザーの数が考えられる。「質」を指標とする考え方としては，利用者がサービスを能動的にどの位の時間利用したかを検討することで，サービスを質の側面から評価する考え方がありうる[42]。ただし，利用者の媒体別の可処分時間をベースに市場を捉えた場合，コンテンツの性質・内容を考慮する必要があると考えられる。

　いずれにしても，サービスが「法第15条の目的達成に資するものである」かどうかは，事業者への影響を考慮するだけでは判断できず，放送と同様にインターネットサービスにおいても法第15条の目的達成が要請されていることからすると，民間部門との二元体制による質の競争が利用者に与える影響を考慮することが求められているといえるのではないか[43]。サービスごとのシェアを用いて市場構造の面から事業者間の競争への影響を考慮しているが，サービスの公共性が利用者へ与える影響も加味した検討が今後必要である[44]。また，事後

149

的にはその企図した公共性がどのように発揮されたか，市場影響がどのような
ものであったかを事後検証することも要請される。そもそも，放送法第15条か
ら放送以外の市場の競争を阻害しないことがなぜ導かれるのかも自明ではない。
そもそも論から議論を掘り起こすこともまた，重要な課題として残されている。

第6節　結　語

　放送の市場規模は，かつては4兆円を超えていたが，リーマンショック（2008
年）後に4兆円を割り込み，以後横ばいで推移している。他方，インターネッ
トの広告費は他の広告費が増減するなか，一貫して増加し，2014（平成26）年
度のインターネット広告費は，10,519億円と，ここ10年間で約3倍に増加して
いる。そもそもテレビの視聴構造にも大きな変化が出てきている。若年層の視
聴時間は大きく落ち込み，地上波視聴の減少傾向をBS，CS，CATVや録画再
生視聴が補う構造となっている。と同時に，ネット機器（PC／タブレット端末
やスマホ）利用が自宅内でも台頭している[45]。本年，世帯主年齢29歳以下の世
帯ではテレビ保有率が85％に低下し，いわゆる若年層のテレビ離れは加速して
いるようにみえる。このような状況のなか，インターネット活用業務は時代の
趨勢としてもはや避けて通れない傾向であると思われる。ただし，協会がそれ
を行う場合には，本文でこれまで縷々述べてきた特段の留意が必要である。競
争のイコールフッティングという観点から民間事業者への影響を注視していく
必要があるとともに，サービスの公共性が厳に問われるからである。インター
ネット活用業務を「放送＋ネット付随」と狭く捉えずに，視聴者・国民全体の
視点から幅広く捉えることが必要である。インターネット活用業務のあり方を
検討することとは，結局，「公共放送とは何か」という根源的問いと，ほぼ同
義であるといってよい。

　●注●
1）　より正確には，インターネット活用業務とは，放送法及び電波法の一部を改
　正する法律（平成26年法律第96号）第1条の規定による改正後の放送法（昭和25

150

第6章 日本放送協会（NHK）のインターネット活用業務について

年法律第132号）第20条第2項第2号及び第3号の業務をいう。

2） 改正法の契機となったのは，総務省「放送政策に関する調査研究会『第一次取りまとめ』（2013（平成25）年8月9日）」である。そのなかで，インターネット活用業務が，市場への影響が相当程度あると認められる場合には，影響の程度に応じた所要の措置をとることが必要であると謳われていた。

3） 法文を読みやすくするため，一部，法文言の簡略化を行った。

4） これに伴い，協会の附帯業務からはネット活用業務をなくす，という整理がなされた。

5） これまで実施されてきたサービス（NHK NEWS WEB, NHK for School等）だけでなくて，番組広報コンテンツ，「NHK ワールド」の放送同時配信，音楽コンクール等の放送前配信（イベントのライブ配信），災害危機管理情報の提供（以上，第2項第5号），これまで，大臣認可を得て実施されてきたもの（第2項第8号）（らじる☆らじる，ハイブリッドキャスト，クリエイティブライブラリーなど）などが可能になった。

6） 本稿では，法第20条第2項第2号で規定される，放送番組等を電気通信回線を通じて一般の利用に供する業務（要するにB to C業務）を「2号業務」という。

7） 本稿では，法第20条第2項第3号で規定される，放送番組等を，放送番組を電気通信回線を通じて一般の利用に供する事業を行う者に提供する業務（要するにB to B業務）を「3号業務」という。

8） 放送法施行規則の一部を改正する省令第84号（2014（平成26）年11月14日総務省令第84号）

9） 見直し対象は，個々の「業務」の全体であって，「実施基準」ではない。

10） 勧告と異なり，取り消そうとする場合は，電波監理審議会への諮問が必要である。

11） 「NHK 経営計画に対する新聞協会メディア開発委員会の意見」（2015（平成27）年2月10日）はこのことを指摘する。

12） 2015年2月21日日本経済新聞（電子版）参照。なお，NHK自身は総務委員会等において，さまざまな実証実験の結果，専門家の見解等も踏まえつつ，視聴者・国民の理解も得ながら，研究を進めるとしている。

13） 受信料の支払率は，平成27年度から29年度の協会の経営計画において目標設定した平成29年度末の支払率80％の達成に向け，平成27年度末に77％を目指すこととされている。

14） 日本民間放送連盟「NHK 経営計画等に対する見解」（2015年3月）を参照。

15） 受信料の法制上の位置づけについては，臨時放送関係法制調査会答申（1964（昭和39）年9月）において「国家機関ではない独特の法人として設けられたNHKに徴収権が認められたところの，その維持運営のための『受信料』という名の特殊な負担金と解すべき」とされている。同様に，内閣法制局長官答弁

（1980（昭和55）年3月17日参・予算委）においても，「公共的放送をNHKの業務として行わせるための一種の国民的な負担として受信料をとらえているわけであります」としている。

16) 平成27年度予算に付する大臣意見においても，「未契約者及び未払者対策を一層徹底し，支払率の向上を図ること」と言及されているところである。

17) 2015年9月9日に放送された台風18号に関するニュースがインターネットで同時に提供された。

18) 2015年9月14日の10時20分ごろから，NHKでは「阿蘇山噴火警戒レベル3」関連で，放送の同時提供を行った。

19) 一般社団法人IPTVフォーラムが策定したハイブリッドキャスト技術仕様に基づく放送・通信連携サービスをいう。

20) 改正後の放送法第20条第2項第2号に規定するものをいう。

21) 権利処理上の課題，配信システムへの負荷，受信契約者を確認するための方法，配信に要する費用，視聴ニーズ，その他，である。「実施基準」の別紙を参照。

22) 試験的提供Aの実施として，「2015NHK杯国際フィギュアスケート競技大会」（2015年11月27日〜11月29日），「第95回天皇杯全日本サッカー選手権大会」（2016年1月1日），「第53回日本ラグビーフットボール選手権大会」（2016年1月31日）の同時配信が行われた。

23) 試験的提供Bの実施として，すでにNHKは，2015年10月から11月にかけて，受信契約者（その世帯構成員を含む）から募集した総数1万人以内を対象に，NHKネットクラブのプレミアム会員からの募集参加ほか，インターネット調査会社のモニターからも募集参加することによって，総合テレビジョン放送（東京・神奈川・埼玉・千葉で放送している内容）を午前7時から午後11時までの1日16時間以内で，インターネット同時配信の検証実験を実施した。NHK「テレビ放送の同時配信の試験的な提供（試験的提供B）の実施について」（2015年9月25日）および「テレビ放送の同時配信の試験的な提供（試験的提供B）の試験結果について」（2016年2月4日）を参照。
全体については，以下を参照。
https://www.nhk.or.jp/mediaplan/jissikeikaku.html（2015年12月25日閲覧）

24) ただし①については，有料業務であるため当然，受信契約には限定されず，「複数本パック」については放送番組等の単品料金の額，本数，市場性を勘案し，「見放題パック」については，放送番組等の本数，画質，権利処理に要した費用及び市場性を総合的に勘案して料金設定され，その際には，いずれの場合も，利用者の利益を不当に害しないこと，できる限り収入総額の増加に寄与するようにすること，一般的な料金水準に比し，著しく低額にならないこと，とされている。

25) インターネット苦情処理・競争等評価委員会規程第4条1項2号参照。

26) インターネット苦情処理・競争等評価委員会規程第4条1項1号参照。

第6章　日本放送協会（NHK）のインターネット活用業務について

27)　この点放政研では，「公共放送である NHK が実施しうるインターネット活用業務は，NHK と民間放送の二元体制のなかで公共放送の役割として実施すべき業務であることが求められると考えられる。具体的には，国際放送や大規模災害の報道など，民間放送事業者が実施していないものや充実した報道体制を有する公共放送として当然に実施すべきものに該当するか否かといった視点で検証する必要がある」としていた。

28)　この点，放送政策に関する調査研究会では，「NHK は，放送を行うことを目的として設立された，受信料を主たる財源として運営される特殊法人であることを踏まえれば，実施可能なインターネット活用業務は，「放送の補完」にとどまるべきものと考えられる。これは，従来からされてきた考え方であるが，その内容について抽象的に論じられてきた経緯もあり，また，時代や放送を取り巻く環境の変化とともに変わり得る相対的な概念であると考えられる。改めて，この「放送の補完の範囲にとどまるもの」であるか否かを判断するに当たっては，「放送番組との密接関連性」「支出規模」の点について検証する必要があると考えられる」としていた。

29)　この点，放送政策に関する調査研究会では，「NHK が新たなインターネット活用業務を実施するに当たっては，それによって関連する市場全体がどのような影響を与えるかについて，考慮する必要がある。この場合において，当該インターネット活用業務による影響が相当程度あると認められる場合には，その影響の程度に応じた所要の措置をとるものが必要となるものであり，その措置の合理性について検証する必要があるものと考えられる」としていた。

30)　日本放送協会平成27年答申第2号（2015年11月27日）

31)　BBC は，国王陛下が下賜する特許状と，時の政府と結ぶ協定書によって運営されている。特許状は，BBC の法人としての設立と目的を記載した基本法規（定款）である。特許状では，BBC が果たすべき公共目的は6項目で定義されている。すなわち，「市民社会を支えるものであること」「教育と学びを促進すること」「創造性と文化を刺激すること」「英国，各地域，及びコミュニティーを象徴すること」「英国を世界に，そして世界を英国に持ち込むこと」「新たなコミュニケーション技術やサービス，またデジタルテレビへの変更に伴う先導的な役割を公に提供すること」である。

32)　BBC が政府と結ぶ協定書には，サービスを行う上で必要な取り決め事項（財源も含む）が規定されている。協定書では，BBC には「市民社会を支えるものであること」が要請され，そこでは，例えば，「英国の政治制度の理解を促進すること」「英国の政治的諸課題を網羅すること」「メディアリテラシーを奨励すること」「公共領域を豊かにすることにより公民権の維持を尊重すること」などが要請されている。

33)　というのも，BBC の Television service licences では，BBC One の「市民社

153

会を支えるものとして公共性を捉え，より具体的には，「コンテンツの多様性・網羅性」（すなわち，一般的な政治や話題の重要な見解をカバーする，各地域の異なる文化・政治を反映したニュースを提供する，国内海外の諸問題を単なる報告をするにとどまらず，分析的な洞察を提供する，ドキュメンタリーは現代の問題の理解促進に寄与する），「コンテンツの中立性」（公正・正確・不偏不党なサービスを提供する），「視聴者へのリーチ」（英国の視聴者に広くニュースを提供する），「利用時間等の利便性」（BBCNews と共に終日適宜ニュース速報を提供する），「社会貢献性」（BBC One は社会貢献活動にもチャリティー募金等を通じて貢献する）といった内容である。

34) 日本における電気通信市場の競争評価は2003年度から毎年実施されて2015年にいったん終了した。評価にあたっては，客観性や中立性を保ちつつ，法律や経済等の分野における高度な知識も必要なことから「アドバイザリーボード」を設置し，専門的な見地から助言を得ることとされた。また実施目的は「電気通信事業分野に関する市場の競争状況を分析・評価し，政策の展開に反映するため」であり，評価結果は翌年度の9月頃に公表されている。評価結果が直接政策に結び付くわけではない。競争評価は，基本的な考え方を示した基本方針と，毎年度定める具体的な競争評価の実施プロセス等に基づいて実施される。実施過程では，①各サービスの需要側及び供給側からの「情報収集」，②収集した情報をもとに評価対象とすべき市場の範囲を決定する「市場画定」，③画定した市場の競争状況の「分析・評価」（市場支配力を有する事業者の有無等）について検討が行われる。

35) NHK インターネット活用業務審査・評価委員会「『平成27年度インターネットサービス実施計画（案)』に関する当委員会の見解」を参照。
http://www.nhk.or.jp/pr/keiei/netriyou/pdf/katsuyou150304.pdf（2015年12月25日閲覧）

36) 提出者は一般社団法人日本民間放送連盟である。同旨として，日本テレビ放送網株式会社，株式会社フジテレビジョン，株式会社毎日放送，株式会社 TBS テレビの意見も参照。

37) これも，一般社団法人日本民間放送連盟が提出者である。

38) すなわち，①公平・公正，②正確・迅速な情報提供，③社会的課題の共有，④記録・伝承，⑤文化の創造・発展，⑥多様性を踏まえた編成，⑦新規性・創造性，⑧世界への情報発信，⑨地域社会の発展，⑩人にやさしい放送，⑪さまざまなメディアでの情報提供，⑫放送技術の発展，⑬受信料制度の理解促進，⑭受信料の公平負担，である。

39) これら一連の取引には，大手代理店が介在することも多いが，単純化のため，その点は捨象する。

40) マスメディア集中排除原則とは，放送することができる機会をできるだけ多

第6章　日本放送協会（NHK）のインターネット活用業務について

くの者に与えるため1の者が所有又は支配可能な放送局等の数を原則として1に限定するという原則のことをいい，放送法第2条の2によって規定される。いわば，「放送による表現の自由ができるだけ多くの者によって享有されるようにする」ものである。放送法を受け「放送普及基本計画」「第2」の2（総務省告示）が明示され，かつ具体的基準として，電波法を根拠に「放送局の開設の根本的基準」（総務省令）が出されている。

41）　ドイツ連邦カルテル庁はSSNIPテストによる評価を行っている。春日教測・宍倉学・鳥居昭夫『ネットワーク・メディアの経済学』（慶應義塾大学出版会，2011年）参照。

42）　ユーザーの「アテンション（注目）」を「時間」で評価し，その時間に応じて広告料を請求するという，利用者の可処分時間に価値を置く新たな広告モデルが欧米では発展しつつある。例えば，『英国フィナンシャル・タイムズ』及び『エコノミスト』では，媒体別（Web）市場における利用者の可処分時間を評価基準とする広告モデルを展開している。

43）　公共放送サービス事業者であるBBCが広告・CMなしの24時間ニュースサービスを開始するにあたって，不当な国家補助であるとしてBSkyBに提訴された事案では，結論として，他事業者へ与える影響は許容できる範囲であり，当該チャンネルの開始は視聴者のメディアの多元性に資すると判断された。また，米国ニューズ社の英国BSkyBの買収計画では，メディアの多元性確保の観点から買収後の利用者におけるニュース情報源の選択の幅に基づく審査が行われた。すなわち，競争法上，事業者への影響は問題ないとされたものの，利用者のメディアの多元性確保に対して重きを置き，市場への影響を双方の視点から考慮された。

44）　この点で参考になるのが，BBCローカルビデオサービスである。BBCでは，既存のウェブサイト"BBC Local"を発展させた，ローカルニュース，スポーツ，天気サービスについて，インターネットを活用して，英国の60地域について展開している。BBCローカルビデオサービスにおけるPVT（Public Value Test，公共的価値基準）では，事業者へ与える影響のほか，利用者のメディアの多元性確保の観点に基づく同サービスの公共性が考慮された。サービスがローカル事業者をはじめとする事業者へ与える影響の検討はOfcomが，ターゲットとする利用者に同サービスが適切に提供されることによるメディアの多元性の検討はBBCトラストが判断する。BBCトラストは，ネット接続環境の不十分さによる地域の利用者への限定的なリーチ及びローカルニュース事業者へ与える打撃により，利用者のメディアの多元性確保が損なわれると判断した。BBCローカルビデオサービスにおける事業者間の影響として，①ローカルニュース事業者にとって，受信許可料を財源とし，全国的なテレビ・取材ネットワークを有するBBCの市場参入は大きな脅威である，②メディアのインターネット配信市場への悪影響が，本業であるテレビ，ラジオ，新聞等の媒体における競争をも害する恐れがある，

③他のインターネットニュース提供事業者からは一定数シェアを奪う結果となるが，影響は大きくない，とされた。また，BBCローカルビデオサービスにおける利用者への影響としては，①想定される利用者の多くは，現状でもインターネットでローカルニュースを取得している層であり，ニュースの取得方法を大きく変えるサービスではない，②本サービスのターゲットとする地方の住民にはインターネット環境が不十分な場合も多く，インターネットがプラットフォームとして最適なものであるか疑問が残る，③地方メディア事業者の競争を害することは，地方におけるメディアの多元性を害し，民主主義の発展に影響を与える，④ローカルニュースの取得は従来からのメディア（テレビ，新聞等）が中心となっており，インターネットサービスの登場後も取得方法を変更する人は少ないと考えられる，⑤ターゲット視聴者の多くがブロードバンド環境がないと想定されること，サービス提供のためのコストが高いこと等を考慮すると，本サービスは Value for Money を実現するために最適の方法とはいえない，とされた。最終的に，事業者に対してもプラスの影響を与えるものの，利用者のユニバーサリティー（平等な視聴機会）の確保に重きが置かれ，結果としてユニバーサリティーの確保を条件に当該サービスは承認された。

45) 総務省「放送を巡る諸課題に関する検討会」第1回会合，奥構成員説明資料参照。

第7章 「忘れられる権利」について放送業界が考えておかなければならないこと

奥村　信幸

第1節　なぜ今この問題を考えるのか

　ある民放の幹部から聞いた話だ。最近，このような電話を受けることが増えているという。例えば，話を聞いた数週間前に電話をかけてきたのは，ある事件で数日前に送検された被疑者の弁護士と名乗る人物で，「御社のニュースサイトに載っている，あのニュース，もういいでしょう」といきなり切り出した。「送検を伝えたニュースをサイトから削除しろ」ということだ。確かにテレビの報道は逮捕や送検のニュースは大々的に伝えるが，その後，特に起訴猶予や不起訴だった時には扱いが小さかったり，全く番組では伝えられなかったりすることも多いのは事実だ。しかし，このケースは勾留期限の10日にも達しておらず，起訴されるのかどうか，取材で感触すらもわかっていない段階でのことだ。

　しかし，送検されてわずか数日であっても，ニュースサイトではいつでもそのニュースが閲覧できるのだから，必要以上に「さらし者」にするのは避けてほしいという主張だ。このような申し入れは，ここ1，2年で少しずつ増えているという。

　インターネット関連のケースを多く扱っている神田知宏弁護士によると，「ウェブ上にある不利な情報を消したい，見えなくしたいがどうすればいいのか」というような相談が寄せられる件数は，2014（平成26）年度と15（平成27）年

度を比べると「20〜30倍くらいに増えている」という。すべての相談に実際に対応するわけではないそうだが，「忘れられる権利」についての関心は確実に高まっており，情報のネット上の拡散について神経質になっていることを実感しているという。ネットではコンテンツが何回でも再生可能で，ブログや掲示板などにリンクを貼り付けることもできる構造では拡散のスピードも範囲も比べものにならないからだ。

　テレビ業界は，このように急速に変化しているユーザーの意識に対応できているとは必ずしも言えないようだ。筆者はこの問題の考察をするにあたり，在京の放送局6局すべてにお願いして，ウェブニュースの担当者らから現状を聞く一方，他の社員やスタッフと非公式に意見交換を重ねた。その結果見えてきたのは，放送以外のプラットフォーム，すなわちインターネットでのビジネス展開のために運用ルールなどを整備していくことは，かなり優先順位の高い課題であるにもかかわらず，リスクや課題について正確に認識している人は非常に限られており，大部分は従来からの放送という，コンテンツを1回から数回しか発信しない地上波の方式を依然として中心に考えているのではないかと見られることがわかった。

　視聴者の「テレビ離れ」の傾向は，インターネットのインフラ整備が進み，スマートフォンやタブレットなども含めたマルチデバイスの選択肢が豊富な先進国ほど進んでいるといえよう。例えばこんな事例がある。2016（平成28）年1月12日，アメリカのオバマ大統領は8年の在任期間で最後の一般教書演説を行ったが，テレビ中継の視聴者は約3,130万人とニールセンが記録を取り始めた1993年以来，最低の記録だった[1]。しかし，その代わりにオバマ政権はこの演説を，約550万人の読者がいるフェイスブック，890万人近くのフォロワーがいるツイッター，さらにユーチューブやアマゾンの映像配信，10代の若者にも人気のスナップチャットなど，さまざまなソーシャルメディアを駆使してユーザーに届けた[2]。演説をすべて録画したフェイスブックの動画の再生数は95万回を超えている（2016年1月末現在）。

　このような重要な政治イベントでも，テレビからインターネットへと，ユー

第 7 章 「忘れられる権利」について放送業界が考えておかなければならないこと

ザーの大きなシフトが起きている。アメリカとのメディア環境の差はあるにしても，日本のテレビ業界も無関心ではいられない。「忘れられる権利」とは，ユーザーの信頼や安心に直結する問題だ。マルチメディア時代にも生き残りを賭ける業界として，本格的に取り組んでいくことはビジネス環境を整える上でも，企業イメージの向上のためにも必要なことだと言えよう。

第2節 「忘れられる権利」の対策はどこまで進んでいるか

2.1 サーチエンジン規制の動き

　「忘れられる権利」は，一定の定義が確立されたというよりも，現在まさに議論が進められている問題である。とりあえずの世の中の共通認識としては以下のように表現できるだろう。「過去の，その人に都合の悪い出来事や，その人本人の記録や評判を人の目に触れさせないようにすることを正当化するもの」というようなものか。例えば「若気の至り」などでヌード写真を撮影してしまったものとか，凶悪とは言い切れないような，窃盗や痴漢などの犯罪歴などを，主にインターネット上で発見されないようにする，あるいは発見される可能性を非常に少なくなるよう配慮することを要求するものだ。ここでは，テレビ局がこの問題についての検討を進めていくための前提として，現在の議論の要点を押さえておくことにしよう。

　「忘れられる権利」の議論はヨーロッパを中心に進んできた。2016年初めの時点では，グーグルやヤフーなどのサーチエンジンでの検索結果から，その人にとって著しく不利益となりそうなものを表示しないよう制限する方向に進んでいるといって差し支えないだろう。

　では，「忘れられる権利」は，どのような条件下で認められることになるのだろうか。これについてもまだ明快な共通認識が確立されているわけではないが，2014年5月13日に出されたEU司法裁判所の判決のなかで示された表現が非常に有力なモデルとなっているので，見ておきたい3)。

　この裁判は，あるスペインの男性が社会保障費を滞納していたためにスペイン政府により自宅を競売にかけられることになり，その競売の告知が1998（平

成10）年1月19日付スペイン紙に掲載されたものが，2009年になってもグーグルの検索で表示されてしまうとして，その是非が争われたものだ。その間に債務は決着し，彼は離婚もしたにもかかわらず，10年以上も前の不祥事がグーグルに表示されてしまうと，ビジネスや再婚などに悪影響を及ぼしかねないという主張であった。

　その男性が最初に訴え出たのはスペイン政府のデータ保護庁（AEPD）であった。AEPD は競売の公告の削除は認めなかったが，グーグルの検索結果の削除申請は認めたため，グーグル側が不服としてスペインの最高裁にあたる全国管区裁判所に訴えた。全国管区裁判所は EU 全体のプライバシー保護の法制などのなかでどのような位置づけになるかを，EU 司法裁判所に照会し，「先行判決」を求めたという経緯であった。

　EU 司法裁判所の判断は，1995年に制定された EU の「データ保護指令（1995 Data Protection Directive）」なかの12条（アクセス権）や14条（対象者の拒否権）などを根拠に，その男性の「忘れられる権利」は認められるとした。そして，サーチエンジンはパーソナルデータのコントローラーであり，グーグルはサーチエンジンだという理由で責任を逃れることはできないと結論づけた。

　また，「忘れられる権利」については「一定の条件の下で，すべての個人に認められる」として，その権利をサーチエンジンに要求できるのは，その情報が「不正確で，不適当で，不適切（目的とは無関係），あるいはデータの処理の目的に関して過大（不必要なものが多く含まれている）場合」と表現し，一定の条件を示した。同時に，裁判所は「忘れられる権利」を超越的な権利として，表現の自由やメディアの自由の上位にあると判断したということではなく，またデータを消去させる権利は絶対的なものではなく限界があるため，あくまでもケースバイケースで判断することが基本となると説明している。「忘れられる権利」は「著名人を有名でなくしたり，犯罪人の罪を軽くしたりするものではない」と断ったうえで，表現の自由のバランスを考慮する際の基準として，以下のようなチェック・ポイントを示している。

第7章 「忘れられる権利」について放送業界が考えておかなければならないこと

・問題となる情報の本質。

・当事者のプライベートな生活に，どのくらい重大な影響を及ぼすか。

・その情報を社会で知ることができるようにしておくことに，どの程度の公共の利益があるか。

・当事者のパーソナリティや人格そのもの。

　この判決を受けてグーグルは，約２週間後に「忘れられる権利」専用の削除依頼ページを開設した。「透明性に関するレポート」によると，その後2016年４月初めまでに，41万件を上回る削除リクエストがあり，144万近くの URL について評価を行い，42.6％の削除に応じている[4]。

　いくつかの報道機関が自社の記事がこれに影響を受けたことを明らかにしている。例えばイギリスの『デイリーテレグラフ』紙のウェブサイトが2014年の９月３日付で，自社の記事のなかでグーグルの検索結果から削除されたもののリストを公開している[5]。わずか３ヵ月余りの間に60本近くの記事が見られなくなっていた。

　このような動きには，表現の自由などの侵害について誤った実績が作られてしまわないかとの危惧も表明されている。例えばグーグル CEO のラリー・ペイジは「インターネットをこのように規制していくと，私たちはこれまでのようなイノベーションを目にすることができなくなるのではないか」「EU 裁判所の判決が，ヨーロッパのような先進的で進歩的ではない国々で悪用されるのではないか。多くの人が削除を求めて押し寄せる。それも多くのヨーロッパの人が顔をしかめるような理由で」などと語っている[6]。

2.2　基準づくりが当面の課題

　日本においても「忘れられる権利」の議論が活発になってきている。司法がかなり踏み込んだ形で判断を示した最初の事例が，2014（平成26）年10月９日の東京地方裁判所の仮処分である。申し立てを行った男性の名前で検索すると，迷惑条例違反で逮捕された記事などのタイトルやスニペット（検索結果の抜粋）

161

が表示されることに関して，人格権の侵害を理由にグーグルに対する削除義務を認める判断が，国内で初めて下された。

サーチエンジン側にも動きがあった。2015年3月20日，ヤフージャパンは検索結果の削除や表記の変更に応じる新基準を発表した[7]。前年11月からの有識者会議で検討されてきたものだ。検索結果やスニペットがプライバシーの侵害にあたるかどうかは「ヤフー側が判断する」とした上で，削除する事例として「性的な画像（リベンジポルノなど）や病歴，過去の犯罪」などを列挙した。反対に一般人ではなく公職者や企業の代表などの情報や，そのような人物の過去の違法行為や処分歴などは「表現の自由が優先」としている。

2015年6月25日には，さいたま地裁で仮処分決定が出された。ある男性が2011年に女子高生にお金を払ってわいせつな行為をしたとして逮捕され，罰金50万円の略式命令を受けたが，本人の名前をグーグルで検索すると，検索結果当時の実名が入った記事を転載したネット掲示板などが表示されるのは人格権の侵害であるとして削除を訴えたものだ。さいたま地裁は主張を大筋で認め，検索結果に表示されるリンクのなかから49件を消すように命令した。グーグル側は「表現の自由や，利用者の知る権利を侵害する危険が高い」と反論したものの，さいたま地裁は「罪は比較的軽微である」と判断した。

この決定に対する批判や慎重論もある。7月2日の朝日新聞は，この問題を取り上げているが，そのなかでプライバシー保護に詳しい森亮二弁護士は，「児童買春という罪に対して，削除時期が早すぎないかどうかは意見が分かれる」とコメントしている。また，インターネットの問題に詳しい紀藤正樹弁護士は「真実の記述を削除させるのは，表現の自由の幅を狭めるため，慎重であるべきだ。少なくとも仮処分決定によって安易に命じるべきではない」と述べている。

2.3　テレビ業界も考えなければならない時

どのような犯罪や行為が，どのくらいの時期を経れば削除されても構わないのか，現状では社会的なコンセンサスが成立しているとはいえない。「忘れら

れる権利」やもっと広くプライバシーの扱いについての議論が，司法の場だけで進むのも好ましい状況ではない。表現の自由に直接関わる報道機関なども視聴者や読者と共に考えていく姿勢が求められる。

　現状では，放送業界が「忘れられる権利」によって，コンテンツの削除など，直接の制限を受ける可能性は高くない。しかし，テレビが扱う映像というのは特にインパクトがあるし，記憶にも残りやすいものだ。長年にわたって映像の文化を支えてきた経験と人材を有する放送局が，積極的に議論をリードしていかなければ，視聴者には責任感がないとみなされてしまうだろう。

　現在のメディア産業ではマルチ・プラットフォーム化が進んでおり，テレビ局もコンテンツを1回から数回露出するような放送という形式でなく，インターネットを使ってオンデマンドやタイムシフトで視聴するユーザーの需要にも応えていく必要に迫られている。「忘れられる権利」の意識が高まっていることも考えると，近い将来コンテンツの削除などに関して何らかの見解を表明せざるを得なくなる可能性も大いにある。企業の危機管理の観点からも，この問題の検討に，そろそろ本腰を入れるべきタイミングではないだろうか。

第3節　テレビは「忘れられる権利」にどのように取り組んでいるのか

　この論考を記すにあたり，東京のキー局5社とNHKに対し，規模や歴史に違いはあるにせよ，全社がかなりの期間取り組んでいるウェブニュースについての調査を行った。テレビ業界としてはキー局がネットワーク内では一番のマンパワーを有しているし，ネット・コンテンツの展開のノウハウも一応進んでいると思われるため，それらの局の運用のしかたや原則などについて比較検討すれば，タイトルにも謳っているように，「忘れられる権利」について，テレビ業界が取り組まなくてはならない当面の課題が見えてくるのではないかと目論んだからだ。

　しかし，この問題に関して放送業界は必ずしも積極的に取り組んでいるとは言い難いことがわかってきた。在京局に公式・非公式にヒアリングを重ねたが，「考えなくてはとは思うが，まだ全社的な取り組みにはなっていない」という

反応や，「グーグルとかヤフーとかのはなしで，テレビは関係ないんでしょ？」
と率直な反応で危機感の認識を感じないと返す人物もいた。

　在京の6社に「『忘れられる権利』に関して考えるために，ウェブニュース
の運用実態について話を聞いた上で意見交換をお願いしたい」と広報の部署に
対してリクエストを出したが，そもそもの各局の反応にはかなり開きがあった。
何社かはすぐにウェブニュースの担当責任者とのインタビューをアレンジして
取材に応じてくれたが，一方，残りの何社かは，広報の担当者に内容や意義を
理解してもらい，社内の然るべき部署にお願いし，応じてもらうためにかなり
長い期間を要したり，「未だ検討途上である」などの理由で，対面の取材には
応じてもらえず，文書での回答にとどまった社もあった。

　近い将来に問題が急速に顕在化する心配もあり，結論を得るまでに時間もか
かるのだから，今すぐにでも本格的な検討に取りかからなければならない問題
であるにもかかわらず，各局で温度差はあるものの，まだ全社とも社を挙げて
取り組むような態勢が整っているとは，必ずしもいえないのが実態のようだ。
放送という従来からのビジネスに忙殺される余り，新しいことまで気が回らな
い人が依然社内では圧倒的多数を占めているのが実情のようだ。

　以下に各局に取材した結果を報告していくが，基本的に，どの局の担当者の
発言なのかを明記しないことをお許しいただきたい。この論考が目指している
のは，「この局が進んでいる，こっちの局が遅れている」といった差を際立た
せるのではなく，担当者の自局の取り組みに対する評価や現在の問題意識を明
確にして，放送業界全体の課題を抽出するヒントを得ることである。またウェ
ブニュースの項目削除などの要請を実際に受けたかどうか，などという質問も
行っているため，事件の当事者のプライバシーへの配慮も必要なためである。

3.1　ネットニュースでの「忘れられる権利」

　6社のインターネットニュースについて，2015年の秋から冬にかけて担当者
に取材を実施した[8]。共通の質問は以下の4項目である。

　① ニュースサイトでのニュース項目の掲載期間はどのくらいか。

第7章 「忘れられる権利」について放送業界が考えておかなければならないこと

② 掲載期間についての運用ルールはどのようなものか，どのような論理や
　根拠に基づいているか。
③ テレビ放送が終わった後にも一定期間ウェブ上に掲載されているニュー
　スについて，これまで「掲載を止めてほしい」「削除してほしい」などの
　要望を受けたことはあるか。
④ 社内で「忘れられる権利」に関連して，ニュースサイトやインターネッ
　トのコンテンツの問題について現在，議論をしたり，近い将来，具体的
　に予定したりしているか。

　各社の回答の結果は，表7-1のようになっている。
　ウェブニュースの運用についての各社の回答から，「忘れられる権利」に関

表7-1　在京のテレビ各局のインターネットニュースの運用状況（2016年3月現在）

	掲載期間	掲載期間の根拠	社内的な議論の現状
NHK NHK News Web	原則として7日間	「インターネットガイドライン2015」による。 必要性，費用，アクセス数，内容等を総合的に勘案。	従来より度々議論してきた。「放送ガイドライン2015」でもネットへの情報発信について言及。
日本テレビ 日テレNEWS24	基本的に事件・事故は1週間 その他は掲載期限決めずに掲載	事件・事故は警察や検察の勾留期限（10日）を考慮し，人間の感覚として自然な1週間。	アーカイブのあり方などを議論。 系列局は独自に研究。
TBS News i	最長で1週間 ニュースによってはさらに短い	ウェブニュース開始直後の2000年頃にネットニュースにかけられる労力などで系列で検討して決定。	BS，CS，ネット別に出してよい映像や情報などを判断。アーカイブ機能の強化を検討。
フジテレビ FNN News	原則的に1ヵ月 事件・事故などは1週間	20年近くの歴史で「経験値」として確立。 「社内で人権配慮の意識の高まり」。	SNSでのリンク承認などの判断。アーカイブ化の検討。
テレビ朝日 テレ朝news	事件・事故は原則的に2週間 内容によっては延長も	刑事事件勾留期限を考えると1週間では少し足りない。前の週のニュースも参照できるように配慮。	アーカイブの展望などを含め社内で幅広く議論している。
テレビ東京 （番組別に掲載）	おおむね1週間〜1ヵ月 （番組で異なる）	事件・事故などは状況が変わることがあるので最長でも1ヵ月が限度と判断。 事実関係が変化したら古いものを削除。	ウェブ記事配信担当者が各種の講演やレポートなどをチェックし，適宜各所と情報共有している。

165

連した特徴をいくつか抽出した。以下はテレビ業界がトラブルを回避したり，あるいは，この権利の主張が行き過ぎて映像文化が萎縮しないように，何か対策を立てなければならないなどの課題発見のため，いくつかの着眼点を提示したい。

3.2 「走りながら考えている」こと

まず，ほとんどの社の基準は「内規」あるいは「自主規程」という形で，インターネットのニュースを編集しアウトプットしている部署の運用基準にとどまっているということである。「忘れられる権利」というものの歴史が比較的浅いことを考えると，当然ともいえる。

これらの基準はユーザーには公開されてもいない。「原則として」と各社の担当者が揃って注釈を付けたように，例外的な扱いを取らなければならないケースはけっこうあり，それらの事例を分類して一般原則にまで高められる段階には，未だ至っていないということだ。

「特定のニュースを削除して欲しい」というユーザーや関係者からの依頼については，「公表できない」と回答を控えたのが2社で，残りは「受けたことがある」という2社と「受けたことはない」という2社に分かれた。「受けたことがある」と回答した社が受けている削除のリクエストは，少なくとも「月に1〜2件はある」くらいのペースで発生している。

もう少し技術的な問題も発生している。社によってはニュースコンテンツをヤフーやグノシーなどのサイトに転載しているところがある。ニュース自体はそのテレビ局のウェブサイトから削除されると，転載先でも見られないようになるが，ブラウザの形式によってはキャッシュ（インターネット一時ファイル）が残っていたりする場合がある。その他にも，テレビの画面や画像をキャプチャして外部の掲示板などに貼り付けられてしまうことがある。テレビ局には責任もなく，物理的に削除することも難しいが，当事者から「何とかならないのか」と切実な相談を受けたという担当者も何人かいて，社によっては，掲示板のサーバーの運営元の会社と，削除の交渉を行うなど，現場レベルでかなりの

第7章 「忘れられる権利」について放送業界が考えておかなければならないこと

「営業努力」をしながら運用している。

　ネット上の掲載期間の根拠についての各社の説明では，ほとんどの社が何らかの形で「警察や検察の勾留期限（原則として10日間）を考慮している」と回答している。「忘れられる権利」の考慮の対象が事件・事故に集中しているためだ。ある担当者は「実際に検討した事例は，圧倒的に『身の下の話』が多かったように思う」と内幕を明かす。最近の裁判の動向もあろうが，現在現場で問題になっているもののうち，痴漢や少女買春，セクハラなどの扱いが，目下の悩みのタネであるのが実態のようだ。

　しかし，これらの掲載期限は，むしろ約20年の実践の過程で暫定的に決められたもので，勾留期限などの公式な理由付けはしているものの，引き続き検討を重ねていくなかで変化していく可能性も大いにありそうだ。運用基準の出発点となる前提として各社が考慮した条件には，以下のような事情があることも明らかになったからである。

・ネットニュースを担当するスタッフのマンパワーが限定されているため，コントロールするニュースの本数を計算した。
・系列の新聞社のネットニュースが先にスタートしていて，運用基準を模倣したが不都合が発生しなかったので。
・「人間の自然な感情として1週間」という「肌感覚」，単なる経験値で収斂した結果。
・ニュースサイトとしてある程度のラインナップがあるというビジネスとしての必要性を考慮。
・地上波の番組などでネットニュースの「アクセスランキング」を発表するという番組などの演出上の理由。

　ウェブサイトからのコンテンツの物理的な削除作業は，各社のデジタルニュースの担当部署が行っている。おおむね一本一本のニュースについての掲載期間の制限や著作権などの注意事項の情報はCMS（コンテンツ・マネージメント・

システム）などを使って管理され，担当者が定期的にチェックしてひとつひと
つ手作業で削除しているものが大部分だ。しかし，このような部署には数人の
社員が管理職，責任者のような立場で配属されており，ウェブサイトの構築や
コンテンツの実際のアップロードや削除は社外スタッフが行っているのが実情
だ。作業自体は CMS などの情報に従っての機械的な作業とはいえ，チェック
機能という意味では，いささかの不安があるのも事実である。「人間が行う作
業なので，どうしても漏れが発生するのはやむを得ない」という正直な証言も
あった。そうすると，危機管理の観点などからも，物理的に管理できるニュー
スの本数などの事情が掲載期間の問題に強く反映するようなことは想像に難く
ない。

　「忘れられる権利」を踏まえたニュースの掲載期間の長さについては，非常
に感覚的な議論の側面が強いのは事実で，各社手探りというのが実情だ。しか
し，「忘れられる権利」の問題が浮上したのは，ここ最近であるにしても，イ
ンターネットのニュースサイトを開設してすでに約20年にもなる現在，ユーザ
ーの立場から考えると，自分がそのようなニュースの当事者になってしまった
際に，テレビ局側が考慮してくれる項目が，もう少し具体化されている方が，
安心感が増すのではないか。

3.3　アーカイブ化のジレンマ

　言うまでもなくニュースのウェブサイトの大きな魅力のひとつは，コンテン
ツを蓄積し，オンデマンドでユーザーが見られるというサービスの存在である。
そして取材を行ったすべてのテレビ局の担当者のほとんどが将来，何らかの形
でニュースアーカイブとして豊富なコンテンツを揃えることを視野に入れてい
ることを明らかにしている。放送を越えて，通信でしかできないサービスを推
し進めていく必要があるという「責任感」を何人かが口にしている。ある担当
者は「忘れられる権利もあると思うが，逆にわれわれは，後世に残す使命とか，
あの時本当に何が起こったのかというのを残していくこともやらなければいけ
ないのではないかという思いが，けっこう強い」とまでコメントしている。

168

第7章 「忘れられる権利」について放送業界が考えておかなければならないこと

　しかし，現状では東日本大震災の関連映像などが一部まとまって継続的に掲載されているものを除いては実際の運用には至っていない。どのような分野のニュースが，どのくらいの期間アップされているのが妥当なのかという「めやす」については，各社とも「検討を始めたばかりで，妥当な運用方法がどのようなものか，まだ確たるイメージがない」（ある担当者）レベルにとどまっているのが実情である。そして，この問題はテレビ局内でのかなり多くの部署にまたがる調整が必要な問題だが，そもそも，このような問題を積極的に協議するような態勢が整えられているというよりは，関心のある担当者の間で非公式な意見交換をしているレベルにとどまっているようだ。

　また，大量の映像を蓄積し，多くのアクセスに耐えられるサーバーを維持するというハード面のコストも，大きな課題であるとする担当者もいた。技術革新などでやがては解消されていく問題ではあるが，アーカイブを事実上あきらめ，すべての映像コンテンツの保存期間を上限13ヵ月にして統一するプランを検討中の所もある。

第4節　「忘れられる権利」について，今考えておくべきこと

　言うまでもないが，私たちのメディア消費を考えてみたときに，インパクトもあるしわかりやすい映像コンテンツはなるべく選択肢が多い方がいい。また過去の番組やニュースなどをさかのぼって観ることができたら，非常に役にも立つだろう。例えば2015年9月に成立した安全保障関連法の国会審議などで，「過去に安倍首相はこの点はどのような発言をしていただろう」などと，映像をさかのぼって検索して実際に視聴し，比較・検証ができれば一般市民だけでなく研究者や学生などに役立つなど公共的な価値も高まる。

　「忘れられる権利」とは，このような充実したコンテンツやアーカイブの運用が，取材対象やユーザーにとって安心できるものであるための，もっとも重要な条件のひとつになるものである。中・長期的にプライバシーをどのように守るのかというポリシーを持たなければ，信頼のおける動画やニュース映像のサイトとして成立することができなくなる。

169

そのような観点から，これまで概観してきた各社の取り組みをみると，もう少し環境整備をスピードアップしなければいけないように思える。ネットへの「民族移動」は待ったなしの状況である。NHK 放送文化研究所の「日本人とテレビ・2015」調査によると，インターネットを通して動画を視聴すると回答した人の割合が，2010年の34％と比べて大幅に増加して50％となった。特に16歳から19歳では92％，30代までで見ても８割以上がネットを通しての動画視聴者となっている。その一方で，毎日テレビを視聴すると回答した人は４人に３人程度に減ってしまった9)。

　また，ネット上でニュースを得るルートは新聞社やテレビ局のサイトに直接行くのではなく，ヤフーなどのアグリゲーターやソーシャルメディア経由でたどり着く人が増えている。わが国のデータではないが，おそらくニュースの消費については似たような傾向が見られるアメリカでは，2016年の大統領選のニュースについて，18歳から29歳までの若者の３人に１人がソーシャルメディア経由で知ると答え，15％がニュースサイトかスマホのニュースアプリ経由で，と答えている10)。オンデマンドのユーザーに対応してラインナップを豊富に取り揃え，さまざまなルートでニュースサイトにたどり着いたユーザーに，アーカイブや解説などのサービスを提供するようなサイトを作らなければ，ニュースメディアとして魅力がなくなるということだ。

　むすびに代えて，近い将来のうちにテレビ業界が考えておかなくてはならないポイントをいくつか議論していきたい。

4.1　ルールの整備と公開の議論を

　確かにこの問題は，広くコンセンサスが成立しているとは言い難い状況だ。しかし，一部が不完全であっても，一定のルールを定めてユーザーに提示し，共に考えていく作業は必要ではないだろうか。ここ１，２年の間に「忘れられる権利」に基づく情報の削除についての訴訟が各地で提起されている。しかし，個別の裁判で下される「何が忘れられるべきか」という司法判断が積み重なっただけで，それが「実績」になり，一般原則になってしまうのは，果たして健

第7章 「忘れられる権利」について放送業界が考えておかなければならないこと

全なことだろうか。

　現在，問題にされているのはサーチエンジンの検索結果の表示だけである。その部分にテレビ局のニュースなどが表示されていたとしても，法的責任は問われないとはいえ，報道機関として社会に情報を発信している以上，もう少し責任を発揮してもいいし，何よりインパクトが強く，上手に使わないとダメージも大きい映像というものは，テレビ局が培ってきた経験やプロのノウハウがないとコントロールが難しいと思われるからである。

　この問題は1年や2年で結論が固まるものではない。「忘れられる権利」とはいっても，個別の事情はさまざまで，ある程度時間をかけて，十分な事例を比較検討しなければならない。「忘れられる権利」と「知る権利」や「表現の自由」とのバランスをどう取るのかという検討は，もっと多くの人を巻き込んでいく必要もある。しかし，ネットのコンテンツが急速に既存のメディアにとって変わっている現在，仮でも何らかのガイドラインを定めて，それを議論して修正しながら精緻にしていく作業を始めることが必要ではないか。映像の分野においては，経験とノウハウを積み重ねたテレビ業界しかリーダーシップをとることができないはずだ。

　テレビのコンテンツはニュースだけではない。情報番組，バラエティにも事件や事故だけでなく，世の中で実際に起きた出来事についての映像や情報はあふれている。悩ましいのは，タレントだけでなく，一般の人が実にさまざまな形で出演するケースが非常に多くなっているということである。その人がフィーチャーされた特集などで取り上げられる場合には，取材対象と多少は映像使用の範囲などを打ち合わせする余裕もあるだろうが，街頭でのコメント収録や，音楽イベントなどの参加者の風景など，いちいち細かい説明をしていると撮影のタイミングを逃しかねないような状況では，取材相手もきちんと説明を聞いてくれない恐れがある。そのような場面でも，最低限，どのような手続きはするべきなのか，あるいは映像を使用する際に「どんな人物」の「どんな事実」を「何のために」一般の人の目から隠すべきなのかという一般的な原則や，それを徹底するために，日常のテレビ局におけるオペレーションのなかで，誰の

171

責任で，どのような手順を踏めばいいのかという運用のルールが具体的に整備されていかなくてはならない。事件や事故のニュースの関係者などと情報バラエティに出ている一般人とは別の扱いを考えるのかなど，これからテレビ局が考えなければならないことは山積している。

　日本の新聞やテレビは，報道倫理規範などを，自社が考えるジャーナリズムの理念などを踏まえて積極的に公開し，オープンな場で議論しながら社会的な信用を得るような作業をしてこなかった。これまでは読者や視聴者の期待や評価が高く，そのような手続きが必要なかったともいえる。しかし，マスメディア不信が高まるなか，インターネット上の情報管理についての議論では，もう少し広くオープンな場が必要になるだろう。アメリカでプロのジャーナリストにもジャーナリズムを学ぶ学生にも基本書として版を重ねている『ジャーナリズムの原則（The Elements of Journalism)』という本のなかには「大衆が議論を行い，妥協をさぐるフォーラム（場）を提供しなくてはならない」とあるが，それぞれのテレビ局のウェブサイトや，ソーシャルメディアを活用して，そのようなプロセスが進められなければならない。

4.2　局同士のコラボも視野に

　このような作業を進めるには1局単独だけではハードルが高すぎるかもしれない。リーダーシップを期待されるキー局は株式を上場していることもあり，短期的な利益を求められるため，経営的にダメージを受けるリスクもあるような問題に積極的に取り組むインセンティブが働きにくい構造になっている。各局が協力して，ある程度横並びになっても取り組みを進めることも考えるべきではないだろうか。そのような受け皿として民放連や，もしかしたらBPOのような組織を改革して活用することも考えられる。

　まだ「頭の体操」段階ではあるが，「忘れられる権利」に関連して映像の情報をネット上で管理するソフトウェアやアプリなどの開発の可能性も考えられる。デジタルやインターネット技術の発展によって，今やテレビで放送された番組の一部が画像や映像ファイルとしてキャプチャされ，ユーチューブなどに

第7章 「忘れられる権利」について放送業界が考えておかなければならないこと

アップロードされたり，テレビ局とは関係のないネット掲示板に貼り付けられたりなどという事例は，今後ますます増え続けるものと予想される。

この現象には，深刻な著作権上の問題もあるが，それは別の場に議論を譲るとして，映像や画像に登場する人物の行動や発言に関する「忘れられる権利」についてテレビ局は，法的責任はないからといって「関係ない」という冷たい態度を，顧客である視聴者に対して，これからもとり続けることができるだろうか。むしろ映像コンテンツのトッププロバイダとして，コピーされてネット上に出回ってしまうものに対しても何らかの責任を発揮することが，危機管理としても，企業イメージの向上やPRとしても必要になってくるのではないだろうか。

例えばデジタルの映像信号に何らかの仕掛けを施し，それが違法にコピーされたり転載されたりした場合に，ネット上でその映像が見られなくなるようにするアプリなどの実装は，「現在の技術でも可能ではないか」（あるネット企業の技術系幹部社員）という。コストや運用のしかたなど，具体的に何も構想されているわけではないが，このような公益性のある技術研究などは共同で行う動きがあってもいい。開発の経費も時間も節約できる。

4.3 取材の現場はどう変わるのか

「忘れられる権利」が次第に広く認識され，メディアもそれに従って発信する情報を管理しなければならなくなれば，現場では取材や編集などで一定の手順に従うことを迫られるようになる。ニュースでは，記者やディレクター，カメラマンらが取材対象と直接接触するときに，どのような説明をするかとか，どこまで約束をするのかなどが大きな問題となって浮上してくる。テレビ局として，あるいは系列局が揃って，一貫した説明ができなければ，ますます注意深くなる一般市民からインタビューなどの協力が得られなくなってしまう。

例えば現場に出向いたカメラマンなどは，撮影の対象となる人物（や建物などの管理者ら）に，最低限，次のような説明をしなくてはならないだろう。

173

「撮影した映像は地上波のニュースや番組のレポートなどに使用し，その後，BS や CS などの衛星放送や，ウェブ上のニュースでも再利用しますがよろしいですか。ウェブ上のニュースは最大で○○週間アップされていますのでご了承をいただけますか？」

その上で個々の条件について，例えば BS や CS はいいがウェブはやめてほしいとか，ウェブに掲載するのは 1 週間だけにしてくれとか，細目を決め，必要なら書類等を交わして合意を取りつける。そして映像を持ち帰り，ニュース番組やウェブに使用する，といったような流れになるだろうか。

しかし，日常の，締め切りに追われる慌ただしい取材現場で，現場に派遣されるスタッフ全員が，それも社員と外部スタッフが混在するなかで漏れなく，このような時間がかかる手続きを取ることができるだろうか。ヒアリング取材を行った際，「取材現場では，撮影した映像素材がネットにも少なくとも 1 週間とか 2 週間露出することなどを説明して承諾を得ているか」と聞いたところ，ある局の担当者は「テレビ局としてウチが取材に行くということは（取材相手の人に）ネットまで素材がでるということを，理解してもらっていると認識している」とコメントしていた。忙しい現場で，いちいち十分な説明を行い，取材相手と確実な約束を交わすことは物理的に不可能に見える。

テレビの取材に応じる側も，年々臆病になっている。事故の目撃者など，批判を浴びるリスクがないように思える場合でも「顔出し」に応じず，「首から下」のインタビューが増えている。締め切りに追われる現場では，それでも顔出しのインタビューを得るために，相手にそのニュースの社会的な意義をわかりやすく説明し，顔や名前を公開する証言にこそ検証ができるという高い価値があることを強調し，その社会的な効果と顔をさらすリスクとのバランスを正確に理解してもらったうえで協力をとりつけることは，至難の業であるといわざるを得ない。

しかし，このようなジャーナリズムとプライバシーのバランスについて取材相手に正確に理解してもらい，合意を取りつけるプロセスを確実に積み重ねて

いかなければ，「忘れられる権利」をうまくコントロールしていくことはできない。そうすると，前節で議論したように，倫理規範や取材の際に行う説明の手順やチェック・ポイントなどを整備して公表することは，現場での説明の手間と時間を節約し，かつ，トラブルの回避にも役立つのではないだろうか。「うちのテレビ局は，このような価値観でニュースを選び，どのような情報を尊重して伝え，取材に協力してくれた人のプライバシーなどを，このように守っています」と，ホームページで公表するなどして，ユーザーが参照できるような状態にしていれば，日常からその局に対する信頼も高まり，取材協力も得やすくなるだろう。

さらに，取材協力者の気が変わったり，何かクレームがあったりする時にはいつでもコンタクトを取れる窓口が整備される必要がある。このような仕組みは「忘れられる権利」に限ったことではないが，ユーザーの信頼や，取材協力者の安心を保証する「安全装置」の役割を果たすものとして欠かせない要素だ。「忘れられる権利」に関しての検討や，削除などの作業を責任を持って果たす部署は，日常のニュースなどのオペレーションとは別のところに設置することも必要になってくるはずだ。例えば朝日新聞社は，自社の記事データベース（「聞蔵」）に限ってではあるが，専任のスタッフが地方の支社や支局と定期的に連絡を取り合い，実名の記事を匿名に差し替えるなどの作業を専門的に行っている部署が存在する。刑期を終えて出所した人が当時起こした事件の記事の実名や，発生から十分に時間が経過したと判断される事件の記事の容疑者名を匿名に差し替えたり，あるいは犯罪被害者の家族や関係者に配慮して被害者のプライバシーを守るために記述を改めたりする作業である。ルールだけでなく，このような作業のプロセスも公表する仕組みなども考慮し，ユーザーとの信頼を築く基盤を急いで整備していかないと，「忘れられる権利」に対応し切れなくなってしまうだろう。

4.4　テレビの価値を問い直す

最後に，筆者も明確な結論が出せなかった問題を提起したい。もしかしたら

テレビの本質に関わるかもしれない問題で，「忘れられる権利」で表現の制限を考える前に，少しだけ立ち止まって業界の内外で考えてみてもらいたいと思うことである。以下に実際に起きた事件と，その報道をしたテレビ局の話を紹介する。理解してほしいのは構造の問題なので，具体的な地名や人名などは伏せることをお許しいただきたい11)。

　ある街で幼女殺人事件が起きた。容疑者が逮捕されたのは事件発生から約3ヵ月後であったが，その間にそのテレビ局を含むメディアはその地域の住民などに取材を重ねていた。何人かに接触するなかで疑わしいとされていた若い男が浮上した（その男は後に逮捕され，現在は有罪が確定している）。彼は自宅前で各社の取材に応じていたが，囲み取材の後，たまたま雑誌記者とカラオケに行く約束をしているところに遭遇，そのテレビ局も同行し取材・撮影をすることになった。

　後に警察への取材で判明するが，彼はかなりアニメが好きで自宅からは多数の単行本やDVD，グッズなどがみつかっている。また，周辺を取材する過程で彼の趣味はカラオケで，友人ともよく歌いに出かけ，演歌やアニメソングを物まねも交えて楽しんでいることもわかった。取材の当日もアニメソングなどを楽しそうに，たくさん歌うシーンを，そのテレビ局は撮影した。

　容疑者として逮捕された後，男には軽度の知的障害があることが警察の発表で判明した。そのテレビ局は逮捕されてから3日間にわたり映像の中身や撮影の経緯を検討し，限定的にではあるが放送に踏み切った。まず，撮影に際してテレビ局側から誘ったり連れ出したりしたことはなく，歌っているところの撮影も本人の了解を得ており，「隠し撮り」ではないため，問題はないと判断した。

　また，逮捕直後は警察に対して否認していたその男は，3日間の間に「裸の女の子を抱えてマンションから運び，現場に置いた」など死体遺棄の容疑について具体的なことを話し始める一方，被害者が死亡した経緯については「思い出せない」と述べるなど具体的な供述を始めたことが警察への取材で判明した。死体を遺棄した理由について「両親に迷惑をかけたくなかった」とも供述し，「ごめん」という謝罪のことばも出てきたこともわかった。そのテレビ局は，供述

第7章 「忘れられる権利」について放送業界が考えておかなければならないこと

が具体的で，かつ自然であり，はっきりしない点については「思い出せない」
と述べるなど，軽度の知的障害はあるものの，取り調べでのやりとりは成立し
ていて，その男の責任能力は認められる可能性は高いと判断するに至った。

　そのような情報を得たうえで，撮影した映像は，本人のカラオケ，アニメ，
演歌，物まねなどの日常の関心が表れており，映像を見ても男が自然に振る舞
う姿がとらえられていて「状況に対する認識力や社会生活を営む能力がある」
と考えたという。当時のニュースの編集責任者によると，「そのシーンが他の
番組で何回も繰り返され，本来は意図しないような『リピート効果による悪影
響』が発生するのを避けることと，映像や画像がネット上の想定外の場所に貼
り付けられて拡散することを防ぐ」ために，ウィークデーの夕方ニュースで1
回，夜のニュースで1回だけ，翌日以降の他の番組やBSやCS，インターネ
ットなどには出さないという限定条件で放送に踏み切ったという。また，カラ
オケの映像だけが突出しないように情報のバランスにも気を配り，以前の勤務
先の上司にインタビューした「おとなしくて，優しい。怒ったところは見たこ
とがない。誰一人として事件を信じられない。人に殺意を持つような子ではな
い」というコメントを盛り込み，人物像や素顔が「立体的に浮かび上がるよう
に」することを目指した。

　それでも放送された容疑者のカラオケのようすは，独自映像だったこともあ
り，かなりの反響があった。取材にあたった若い女性記者が映像にわずかなが
ら映り込んでいたことなどもあって，週刊誌などには「女性記者がカラオケに
誘い出して写真を撮らせた」などの間違った情報や，取材手法に対する批判な
どの記事が数多く掲載され，そのテレビ局は7社もの出版社に抗議をして訂正
やお詫びを出させ，そのなかの1社を相手取って名誉毀損訴訟まで争い，すべ
ての記述を改めさせるまでに2年近くを要したという。当時のインターネット
の普及の度合いや地上波放送の影響力を考えると，そのテレビ局は，容疑者が
カラオケに興じている映像の社会的インパクトを慎重に判断してコントロール
を試み，その上で，後に攻撃を受けるリスクも引き受ける覚悟を決めて，放送
に踏み切ったことがわかる。

177

しかし，その事件から約8年，状況は大きく変わっている。映像のコピーやキャプチャ画像などがネット上に簡単に出回ってしまう危険性は格段に増してしまった。ニュースや公共的な観点からは大きな価値があると思われる映像を世の中に問おうとした時，地上波だけで放送するなどの対応を取っても，違法にネットで出回って拡散するだけでなく，その後に心ない攻撃を受ける可能性はさらに増し，受けるダメージもかなり大きくなった。そのうえに「忘れられる権利」によって厳しい管理が要求される。リスクはあるが価値もあるコンテンツを世の中に出そうという決断をするのが，いっそう困難になっている。しかし，これを「世の中の流れ」と素直に従ってしまっていいのだろうか。

　テレビは活字や写真では伝えきれない人の表情や肉声などを丹念に拾い上げ，そのインパクトを伝えることで発展してきた。現在のデジタル・インターネットの技術には限界があり，違法にコピーされたり，ソーシャルメディアなどで拡散されたりしていくのを防ぐ手立ては完全に防ぐことはできないが，ニュースとして公共的な価値があったり，あるいは視聴者の知識や文化的な生活に貢献するような映像の発信が萎縮することは望ましいことではあるまい。

　例に挙げたテレビ局のように，映像という特に強い印象を残す情報が発信されたときの効果と社会的な副作用のバランスを丹念に計算する能力というのは，テレビ業界がわが国で70年近く放送を続けてきたなかで築き上げた「財産」に他ならない。社会の役に立つならと映像を送り届けてきたテレビの知恵やノウハウの伝統は，何らかの形で守り，残す必要はないのか。ネットの「忘れられる権利」などの問題が押し寄せて来る前に，いま一度考えてもらいたい。

　確かにメディア環境は変わってしまった。テレビの受像機すら持たない人も増えているなかで，「地上波のみで限定放送する」というような手法が，10年前と同じような社会的なインパクトやビジネス上の効果を持つとは思えない。映像がソーシャルメディアに貼り付けられ，意見交換の場が拡大して，時に感情が爆発したり，炎上がしたりする場面も増えている。週刊誌に記事が掲載されるだけの時代に比べて，報道の社会的な影響をコントロールすることが段違いに難しくなったとも言える。しかし，先述したような違法コピーされた映像

第7章　「忘れられる権利」について放送業界が考えておかなければならないこと

の画像を破壊するようなテクノロジーが実現すればどうだろうか。地上波に限定とか，ネットで48時間だけなど発信のコントロールを取り戻すこともできるかもしれない。望ましい技術革新ともセットで，テレビの良さを守る情報発信のしかたを模索してもらいたいと思っている。

　何も行動を起こさないでいると，インターネットの急速な拡大にテレビの文化は知らないうちに飲み込まれてしまうかもしれない。戦略的に居場所を確保していかないと，「忘れられる権利」などで知らず知らずのうちに映像の表現が不自由になり，回復が非常に難しくなる恐れもあるのだ。

●注●

1 ）　"Record-low 31.3 million watched Obama's last State of the Union address", USA Today, 6:19 p.m. EST, January 13, 2016,
　　http://www.usatoday.com/story/news/politics/2016/01/13/record-low-313-million-watched-obamas-last-state-union-address/78760594/（最終アクセス2016年4月4日）

2 ）　"The White House Joins Snapchat", Techcrunch, January 11, 2016,
　　http://techcrunch.com/2016/01/11/the-white-house-joins-snapchat/（最終アクセス2016年4月4日）

3 ）　判決文は，以下を参照。"Judgment of the Court (Grand Chamber), 13 May 2014",
　　http://curia.europa.eu/juris/document/document.jsf;jsessionid=9ea7d0f130d51f8d7dd04cd944318832d2c415fbf65d.e34KaxiLc3eQc40LaxqMbN4Och0Te0?text=&docid=152065&pageIndex=0（最終アクセス2016年4月4日）
　　判決のポイントは以下等を参照。*Factsheet on the "Right to be Forgotten" ruling (C-131/12)"*,
　　http://ec.europa.eu/justice/data-protection/files/factsheets/factsheet_data_protection_en.pdf（最終アクセス2016年4月4日）

4 ）　Google Transparency Report, European Privacy Requests for Search Removals,
　　https://www.google.com/transparencyreport/removals/europeprivacy/（最終アクセス2016年4月4日）

5 ）　"Telegraph Stories Affected by EU 'Right to be Forgotten'", The Telegraph, September 3, 2014,
　　http://www.telegraph.co.uk/technology/google/11036257/Telegraph-stories-af-

fected-by-EU-right-to-be-forgotten.html（最終アクセス2016年 4 月 4 日）

6 ） "Google CEO Warns 'Right to be Forgotten' could Stifle Innovation and Empower Repressive Regimes", The Washington Post, May 30, 2014,
https://www.washingtonpost.com/news/morning-mix/wp/2014/05/30/google-ceo-warns-right-to-be-forgotten-could-stifle-innovation-and-empower-repressive-regimes/（最終アクセス2016年 4 月 4 日）

7 ） Yahoo!Japan 政策計画「『検索結果とプライバシーに関する有識者会議』の報告書を公表」2015年 3 月30日
http://publicpolicy.yahoo.co.jp/2015/03/3016.html（最終アクセス2016年 4 月 4 日）
報告書はこのプレスリリース内のリンクからダウンロードできる。

8 ） チャンネル番号の若い順に，日本テレビ（2015（平成27）年10月 5 日），テレビ朝日（2016（平成28）年 1 月 6 日），TBS（2015（平成27）年 9 月25日），フジテレビ（2015（平成27）年 9 月18日）に，それぞれデジタルニュース担当の責任者にインタビューを行った。また NHK とテレビ東京からは文書で回答をいただいた。回答しにくい問題も多いなか，ご協力をいただいた担当者と広報担当者の方に，この場を借りて御礼を申し上げる。

9 ） 関根智江（NHK 放送文化研究所・世論調査部）「インターネットで『動画を毎日見る人』のテレビ視聴を探る～『日本人とテレビ・2015』調査から」2016年 1 月 1 日
https://www.nhk.or.jp/bunken/research/yoron/pdf/20160101_8.pdf（最終アクセス2016年 4 月 4 日）

10） "The 2016 Presidential Campaign—A News Event That's Hard to Miss", Pew Research Center Journalism and Media, February 4, 2016
http://www.journalism.org/2016/02/04/the-2016-presidential-campaign-a-news-event-thats-hard-to-miss/（最終アクセス2016年 4 月 4 日）

11） この問題についての詳しい議論は，東京地区マスコミ倫理懇談会の2009（平成21）年 2 月23日の例会で議題として取り上げられ，討論が行われており，その記録が『マスコミ倫理』（No. 593　2009（平成21）年 3 月25日発行）に掲載されている。業界内団体なので一般に積極的には公開していないが，マス・コミュニケーション倫理懇談会全国協議会（東京・千代田区）まで連絡すれば内容を教えてくれるとのことだ。http://www.mec-nc.net/about/index.html

第8章 メディア再編の動向と課題

春日 教測

第1節 はじめに

近年，特に米国を中心に，メディア産業における大型再編の動きが活発化している（表8-1）。メディアに分類される伝統的な企業だけでなく，OTT（Over-the-Top）[1] と呼ばれる新興企業をも巻き込んでいる点，日本企業や日本市場も例外ではない点，が特徴だといえる。こうした動きは，新しいサービスやビジネスモデルへの対応が必要なため，外形的な変化を明確には伴わない合併・買収（M&A）以外のケースでも，企業組織内の統治構造（ガバナンス）に影響を与える可能性が高いという意味で重要な変化だと言うことができる。そのため学術研究の分野でも注目を集めており，経済学や情報科学の学術雑誌が最近相次いで特集号を刊行している[2]。

こうした産業の構造変化は制度設計にも大きな影響を与えるため，政策当局および競争当局の関心を強く惹起させるトピックスでもある。2015年は日本の通信自由化30周年にあたり，『情報通信白書』でもその間の劇的な変化に関する特集が組まれたが，メディア分野でもこの間大きな変革が起きており，放送局もその度に岐路に立たされてきている。約10年前，「通信・放送の在り方に関する懇談会」がまとめた報告書[3] では，「国際競争力強化のためコングロマリットを目指すべき」との提言がなされたが，当時代表的な企業体として例示されていたタイム・ワーナーは現時点では新興勢力に押されており，事業体制

表8-1　最近の主なメディア再編事例

【新聞，雑誌】

時期		対象メディア	具 体 的 内 容	出典
2013	8	米ワシントン・ポスト	Amazon 創業者ジェフ・ベゾス，ワシントン・ポストの個人買収を発表 ワシントン・ポスト：親会社は社名変更，教育・メディア企業として活路（新聞事業は全収入比率約14％（FY2012）程度で赤字） Amazon：ネット配信（IT インフラ，課金手法，端末販売など）を1社提供	日本経済新聞電子版（'13.8.7）
2013	3	米マグロウヒル	主力の出版部門を投資会社に売却，金融情報会社へ再生	
	8	米ニューヨーク・タイムズ	傘下の地方紙ボストン・グローブを売却 スポット広告で利幅の厚い映像ニュースを増加	産経新聞（'13.8.22）
	8	米 Newsweek	米ネット企業 IBT メディアへの身売りを発表	
2014	7	ニューズウィーク（日本語版），ペン	阪急電鉄，子会社が行う出版2事業を TSUTAYA へ売却すると発表（14年3月期売上高は約50億円）	朝日新聞（'14.7.31）
2015	7	英フィナンシャル・タイムズ・グループ	日本経済新聞社が全株式取得することを親会社の英ピアソンと合意 デジタル事業を強化し経済・ビジネス情報を提供 （デジタル版有料読者は約50万人（約70％），日経も電子版読者43万人）	日本経済新聞電子版（'15.7.23）

【放送局，コンテンツサービス】

時期		対象メディア	具 体 的 内 容	出典
2013	2	米 NBC ユニバーサル （川上，番組制作）	2009（平成21）年12月買収発表をした米ケーブルテレビ大手コムキャスト（川下，配信）が，GE 保有の残り49％の株式を前倒し買い取りと完全子会社化を発表 （FCC が経済学的知見に基づき，反競争効果分析を行った先駆的事例）	日本経済新聞電子版（'13.2.19）
2013	6	米ベロ・コープ （TV20局保有）	「USA Today」などを発行する米新聞発行最大手ガネットが買収発表 ガネット傘下の放送局は43と2倍近くに増加，放送網規模は全米第4位に テレビ部門拡充で収益基盤の強化を目指す（12月に FCC が合併承認）	日本経済新聞電子版（'13.6.14）
2014	3	米動画配信 Hulu 日本向け事業	日本テレビが買収，定額制動画配信サービス参入を発表 コンテンツ発信力を強化，現在の課金制動画配信サービスは当面併存	朝日新聞（'14.3.1）
2014	5	米衛星放送大手ディレク TV	AT&T が買収合意を発表，1年以内に買収完了予定 携帯電話やタブレットなどテレビ以外へのビデオ配信強化	日本経済新聞電子版（'14.5.19）
2014	6	英独立系 CH 会社CSC メディアグループ	ソニーが買収発表　好調な娯楽部門，特に広告収入や視聴料が期待できるテレビネットワーク事業を米国，インド，欧州などで積極的に海外展開予定	産経新聞（'14.6.26）
2015	5	米 AOL（デジタルコンテンツ，動画広告大手）	米通信大手ベライゾンが AOL 買収を発表 米ニュースサイト Huffington Post，IT 業界情報 TechCrunch 等のデジタルコンテンツ，ネット動画広告等を有効活用し，モバイル向け動画事業に重点	日本経済新聞電子版（'15.5.12）
2015	5	米タイム・ワーナー・ケーブル（米 CATV 2位）	チャーター・コミュニケーションズ（米 CATV 4位）が買収を発表 インターネット動画配信に押される有料テレビ市場で競争力強化の狙い （コムキャストの買収提案が FCC 見解により破談になったことを受けた措置）	日本経済新聞電子版（'15.5.26）
2015	9	米ケーブル事業者Cablevision（NY 州中心）	欧州大手通信事業者 Altice（本社：ルクセンブルク）が，買収合意を発表 5月の Suddenlink Communications に続く買収で，全米第4位のCATV 事業者が誕生する見込み　米市場本格参入のための足掛かり	日本経済新聞電子版（'15.9.17）

出所）筆者作成　　　　　　　　　　　　　　　　※報道ベース。実現の成否が不明のものも含む。

第8章　メディア再編の動向と課題

の見直しを余儀なくされている状況にある。ある意味当然のことだが，合併・買収を含む組織の再編成は，環境変化に伴い絶えず見直しを迫られる性質を有している。

　今回の民法連研究所客員研究員会のテーマは「放送の将来像を展望できる研究」であった。展望は予測という不確実な要素を多分に含むが，新聞に代表される他メディアの経験や海外での先行事例の蓄積等から教訓を得ることもある程度可能になってきている。それらの分析や結論は定説となっている訳ではなく，環境や時期が異なればそのまま適用できないものの方がむしろ多いが，多面的角度から展望することで得られる示唆も少なくないはずである。このような問題意識から，本稿では，メディア分野における環境変化への対応と組織の再編成に関する経済学・経営学の分析事例を参考に，組織再編成の実態と今後の展望，メディアの規律と倫理の問題，制度設計の課題等に焦点を当てて考察し，放送を含むメディア産業の将来を考えるための一助としたい。

　本稿の構成は以下のとおりである。第2節では，組織の再編成という観点から一般的な合併・買収の効果を検討する。その際，企業統治という観点から，組織における表面には表れにくい部分の大切さを「組織文化」や「組織の慣性」という視点から指摘した研究についても紹介する。第3節では，日本の放送局が変化に対応した事例を概観し，隣接分野のビジネスモデルの歴史的変遷について検討する。第4節では，多メディア化のなかで，人びとの行動に大きな影響を与えるメディアの自主的な規律付けを担保する重要性について考察する。最後にまとめとして，制度設計に関して残された論点について整理する。

第2節　合併・買収と企業文化

　メディア産業の再編としてまず注目を集めるのが合併・買収を伴う事案であるが，日本企業においても合併・買収は近年日常的に観察される企業活動となってきている。日本企業による海外企業の合併・買収は2006（平成18）年から増加しはじめ，リーマンショック時に一時的な停滞を迎えたものの，2010（平成22）年頃からは円高を背景に再び増加に転じ，円安下の2015（平成27）年で

も買収額が初の10兆円を超えるなど，買収意欲の強さを表している[4]。

　宮島（2007）は合併・買収の効果を，企業価値へ与える正負の効果に分けて整理している。まず正の効果については，組織効率と資源配分効率を向上させるシナリオとして，①統合効果，②戦略的 M&A・コアコンピタンスの強化，③コア事業への経営資源の集中，④経営の規律，の4つを挙げている。①は市場支配力増大による交渉力の増大や，管理部門や研究開発部門等の共通化・集約化による費用削減効果，規模拡大による信用リスクの低下などを指す。②は買収企業に欠ける経営資源の購入という「時間を買う」効果によって発生するものだが，ノウハウや販売網など必要な経営資源の迅速な確保が目的で，組織の融合に時間がかかる場合は被買収企業に独立性を与える場合が合理的な場合もあるとされる。また③は多角化が進展しすぎて低収益部門を持て余している企業に選択と集中を促すことから得られる効果，④は経営の規律づけの強化を通じてターゲット企業の組織効率を引き上げる効果を指す。

　メディア産業の事例でいえば，今般の再編の動機として指摘される規模拡大競争は，加入者獲得に起因する間接ネットワーク効果を期待するものと考えられ①に含まれる[5]。また今般の M&A 目的の一つとして，コンテンツや配信手段の確保が挙げられ，伝送路としての周波数帯域確保も目的とされているとの報道もなされた。例えば米国では，携帯4位の T-Mobile が衛星2位の Dish Network と合併交渉を行っていると伝えられ，2016年初めに予定されていた放送用周波数オークションを見越した行動だと報じられたが，これは②に含まれる[6]。③もしくは④については，第三者による外部からの働きかけではなくグループ内で行われたものではあるが，タイム・ワーナーや News Corp の組織再編事例が当てはまるだろう。タイム・ワーナーは2000年に米ネット大手の AOL と合併したが，2009年に AOL とケーブル部門を分離した。これが今般の再編で買収対象として狙われているのは表1で見たとおりであるが，同社ではさらに現在，雑誌『タイム』や『フォーチュン』を発行し出版事業を行うタイム社の分離をすすめている。また News Corp も，2013年に映画を含むエンターテインメント事業を主とする21世紀フォックス（21st Century Fox）社を

分離したが，これも不振の出版事業を別々の組織規律の下で立て直す狙いがあったといわれている[7]。

　一方，企業価値へ与える負の効果については，(i)利害関係者間の富の移転に終始し企業価値を生み出さない場合，(ii)合併が当該産業に対して反競争的な効果を持つ場合や，企業価値を棄損するような信頼の破壊が挙げられる。(i)についてはさらに，(a)買い手側の経営者の自信過剰に基づく場合，(b)逆に経営者が合理的であっても，市場が買い手側企業を過大評価してしまうことでM&Aが行われてしまう場合，の２つに区分している。

　こうした合併・買収の成果を評価する試みは，業種別や買収の目的別，企業の国籍別に，成果である利益率や売上高，雇用に与える影響等に焦点を当てながらさまざまな角度から行われているが，ここではVermeulen（2010）で紹介されている合併・買収後の株価動向に関する一連の研究を見ておこう。彼が取り上げている研究は否定的な結果を報告しているものが多く，買い手企業の株価に関していえば，買収発表から10日ほどで平均0.34～１％ほどの低下が見られる。この傾向は過去75年以上さかのぼっても類似の結果が得られ，また５年ほど経過した後の株価を見ると10%程度も失われている。このことから彼は，少なくとも株式市場での買い手企業に関する評価という観点でみると，買収の70～80%が失敗に終わっていると結論付けている。この結果を直ちに一般化することは困難だが，合併・買収が，企業価値の観点から必ずしも良い効果をもたらさないという指摘は重要である[8]。

　さらにメディア産業の組織再編にあたっては，異なる企業文化をいかに調和させるかという点についても頻繁に言及される。例えばタイム・ワーナーとAOLの統合を推進したジェラルド・レビン元CEOは，合併が失敗した理由の一つとして「企業文化の相違」を挙げている。彼は，合併後も社員がAOLやCNNといった出身母体の考え方に囚われ，傘下の各社が共通目標を全く持てなかった状況を嘆き，「情報はタダ」が主流のネット文化と，有料が基本の旧メディア側の融合の難しさについて述懐している[9]。

　企業文化についてKreps（1990）は，企業組織の効率性を論じるなかでその

位置付けを行っている。そのために彼はまず，企業が成立する理由から説き起こす。長期間にわたる継続取引には予測不能の事態が生じるため，そうした事態への適応が効率的で公正に行われるという信頼がなければ，多くの取引はコストがかかりすぎて着手できない。この予測不能な事態への対応の一形態として，階層性を持った取引が考えられる。例えば企業と，雇用契約を結んだ従業員との関係がそれに相当し，予測不能な事態に直面した時にどのような対応を行うかを決定する権限は，企業の側に与えられている。この権限が公正に用いられているという信頼の源は企業の持つ評判であり，予測不能の事態に対する組織の適応の仕方によって評判と信頼の量が決まってくる。この信頼によって，取引コストが高すぎて実行不可能だった取引も実行可能になる。継続的に存続する組織は，将来の有利な取引の機会を獲得するために良い評判を守ろうとし，そのために公正な行動を取ろうとすると考えられる。

　評判が実際に効力を持つためには，取引の当事者の双方が「契約の適切，公正な実行」の意味を理解している必要があり，契約の実行が観察可能でなければならない。予測できない事態への対応にあたっては単純な原則を示すのが最善であるが，組織はこの原則を組織階層の下位の者に理解させようと努め，どのような場合でもその原則を用いるという評判を守ろうとする。「企業文化」とは，一部はこの原則そのものであり，組織内で階層が下位に位置する者たちに何か事が起こる前に企業がどう反応するかを示唆するもの，換言すれば，その企業においてどうやって事が進められるか，また進められるべきか，だと説明している[10]。

　従って，企業文化という用語には本来積極的な意味が認められており，Kreps自身も「組織に個性を与える」ものだと述べている。その意味で一定の合理性を有しているのだが，強すぎる企業文化は組織を硬直化させることにも繋がり，両刃の剣になりかねない。ここではGilbert（2005）による，インターネットの台頭に直面した際の新聞社の対応についての事例研究を見てみよう[11]。組織が従来とは大きく異なる非連続な変化に直面した際，組織の変革は促進されるかという問題意識を中心に据え，従来の組織の手続きが継続されてしまい

186

望ましい結果を達成できないことを「慣性（inertia）」という言葉を用いて詳細に検討している。

対象として取り上げられたのは，発行部数が20〜50万部の各地域で最大，かつインターネットサービス開始時期も94〜96年と２年以内で地域普及率の差も10％未満という，ほぼ均等の条件を有する米国の新聞社８社である。主要な結論を述べると，(1)差し迫った脅威，この場合は紙媒体を発行する新聞社に対するインターネットの脅威があると，経営者は資源配分パターンの慣性を克服して財務的・人員的に新事業であるインターネットへの投資が加速される，しかし(2)収益獲得のあり方に関する慣性は変えることができず，新事業に対する権限委譲や積極的な実験が控えられて既存の経営資源に焦点が当てられるため，組織運営が硬直化してしまう，(3)外部の影響があると(2)のような慣性を克服しやすい，というものである。さらに同論文では，８社のうち７社が紙媒体との相乗効果を重視し既存の新聞と統合した形態でインターネット事業を開始したが，オンラインが紙媒体の単なるコピーになることを避けるため，後に３社が独立する方向に方針転換したことを報告している。

Gilbert（2005）の事例では，オンラインでの事業を独立した組織で展開した方が，内容や収入源も紙媒体の新聞とは異なる多様な運営ができる点で望ましいとの報告がなされている。一方，先述のレビン元CEOは，「ただでさえ難しい新旧メディアの融合は，買収ではなくて社内で育成した場合に成功するかもしれない」という見立てを示している。同一組織か別組織化にかかわらず，こうした企業文化の擦り合わせは，新しいタイプのメディア事業を行う際に時間をかけて調整を行う必要がある事項だという点について，極めて重要な教訓を得ることができる[12]。

第３節　日本における環境変化への対応

メディア企業の合併・買収に関して，日本企業も過去に何度か巷間を賑わせたことがある。有名なものとして，ソニーによる米コロンビア映画の買収（1989年），松下電器産業の米映画会社MCAの買収（1990年）が挙げられる。両事例

とも，ハード面でテレビやビデオ製造に携わるメーカーがソフト面での補完性を求めたこと，将来のビジネスに向けた先行投資としての意味合いがあること，等が買収の理由として挙げられたが，両方とも買収先のビジネスに対する理解が不足しており，ガバナンスが機能せず5年後にそれぞれ大幅な減損処理，完全撤退に追い込まれている[13]。

1990年代後半になると，在京民放局や大手広告会社などを中心に，資金調達を円滑に行う目的で株式上場を行うところが多く見られるようになる。ライブドアのニッポン放送株取得に端を発するフジサンケイグループとの経営権争い（2005年）は，そのような状況のなかで発生した。同年9月の楽天によるTBS株取得および経営参画要求ともあわせ，インターネットと放送の融合を目論むメディア産業再編の圧力が日本でも確実に高くなっていることを示す事例だったということができよう。ただし交渉の経緯を見る限り典型的な敵対的M&Aであり，前節での米国新聞社の事例に照らしてみると，仮に成功していたとしても社内融和に相当な時間を要し積極的な統合効果を得るのが困難だったことが予想される。

一方，民放局組織内部の人材や資源を活用した環境変化への対応も，着実に行われてきている。以下では，BSデジタル放送の開始と，ネット配信，とりわけ見逃し視聴サービスの導入という2つの事例に着目して，どのようにサービス提供が進められていったかを見ておこう。合併・買収という別企業体からの圧力を伴わず明白な衝突が見られる訳ではないため，摩擦が少なく比較的スムーズに移行が行われているようにも見えるが，実は変革までには相当の時間を要し，迅速で大幅な対応が行いにくかった状況をうかがい知ることができる。

BSデジタルの本放送は，2000（平成12）年12月より表8-2のような形で開始された[14]。既にNHKや日本衛星放送（現WOWOW）が本放送を行っており後発としての事業開始だったことに加え，地方局対応とマスメディア集中排除原則への対応という二重のハンデがあったと言われている[15]。後者については，従来の規制が若干緩和されたもののキー局の出資比率が抑えられた別会社として運営されることとなり，新聞社や広告代理店，商社，電気機器メーカー等の

異業種が出資する企業体として運営されることとなった[16]。ただし実際の現場はキー局からの出向者が多く，番組制作や営業活動における支援を強く受ける形での船出となった。

　当時の資料からは，新しいデジタルハイビジョン放送と，双方向サービスを含むデータ放送への意気込みが見受けられるが，一方，有料放送ではなく広告収入に依存するビジネスモデルを採用したために地上波と競合する面も多く，現場では「敵」呼ばわりされ協力を得ることが難しかった面も多かったようである。もともと別組織のため番組再利用には料金を支払う必要があったことに加え，番宣の協力も得られず，現在ではBS放送の有力コンテンツとなっている野球中継も当初は見送られるなど，競合するサービスをルーツの同じ組織が供給する際には，改革がスムーズに進まない状況をうかがうことができる。城

表8-2　BSデジタルへの参入動向（2001年度時点）

社名	㈱ビーエス・アイ	㈱ビーエス日本	㈱ビーエス朝日	㈱ビー・エス・フジ	㈱ビー・エス・ジャパン
サービス名称	BS-i	BS日テレ	BS朝日	BSフジ	BSジャパン
経営主体	JNN系列28社，日本電気，松下電器産業，電通，三井物産ほか（株主数：22社）	日本テレビ系列29社　新規出資者22社（株主数：51社）	テレビ朝日系列，朝日新聞・丸紅ほか（株主数：40社）	FNS系列，商社，メーカー，映画会社，広告代理店など（株主数：49社）	日経・テレビ東京グループ，三井物産，東芝（株主数：41社）
収支予測	2004年単黒2007年累損解消	5年目単黒(2004年)8年目累損解消(2007年)	5年目単黒(2004年)8年目累損解消(2007年)	5年目単黒(2004年)8年目累損解消(2007年)	2006年度黒字転換
目指すターゲット層	（性別・年齢・職業に関わらず）現状の地上波に飽き足りない人	大人の男性をメーンにオールターゲット向けの編成	ミドルエイジ（30代以上）の男女	若い人（子供から30代まで）	ビジネスマンやOL及びF1，M1層（20～34歳の男女）
初代社長	引田惣彌（前テレビュー福島社長，元TBS専務）	漆戸靖治（前日本テレビ副社長）	小田久栄門（前テレビ朝日映像会長，元テレビ朝日取締役）	白川文造（鹿児島テレビ顧問，元フジテレビ取締役）	池内正人（前テレビ東京副社長）
役職員数	52名	41名	64名	54名	57名
（うちキー局からの出向者数）	30名	12名	26名	23名	21名
資本金	300億円	250億円	250億円	250億円	200億円

注）なおキー局からの出向者数は，兼務の者も含む。また，主な出資者や地方局からの出向者も存在した。
出所）NHK放送文化研究所（2001）pp. 22-23，日本民間放送連盟編（2001a）pp. 71-75，日本民間放送連盟編（2001）pp. 231，小田桐・小池（2001）等をもとに筆者作成

所（2014）は，このような場合，受信機メーカーから人を招いて幹部会で講演してもらった方が効果的である様子を紹介しているが，外部からの力を借りた方が迅速に物事が進むことも多いといえる。

　また本放送開始当初は，受信機も普及しておらず広告収入もあまり見込めない状況であったため，先行投資にどの程度力を入れるかは局ごとに温度差があ

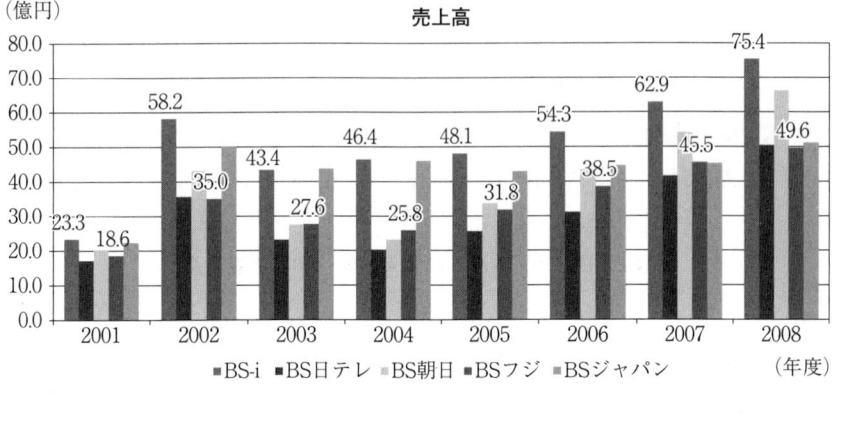

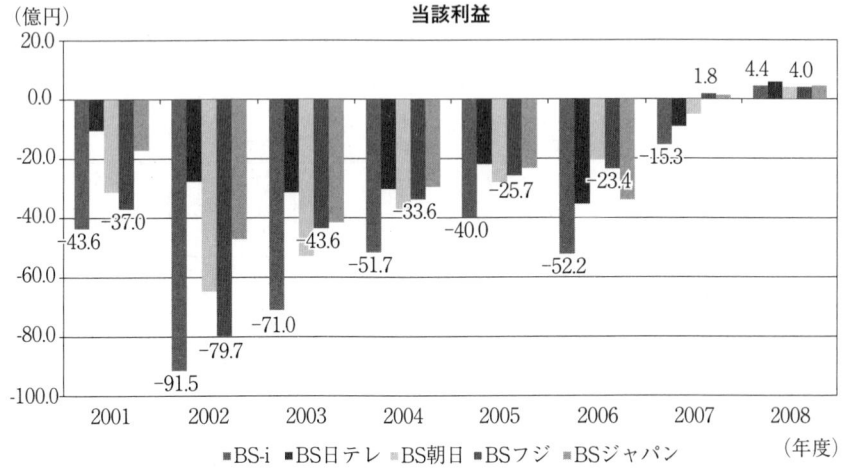

図8-1　BS デジタル各社の売上高・利益の推移

出所）電通総研（2009）より作成

ったといわれる。西（2001）は，地上波との差別化を図りBSデジタル放送に熱心な局としてTBSとフジテレビを挙げているが，図8-1はその裏付けとなるデータを提供している。BSデジタル放送が単年度ベースで黒字転換するのは，当初見込みより遅れた2008年度以降であるが，木村（2011）によれば編成・制作に経営資源を集中させつつ安定的な経営成績を残しており，2010年度の法改正によって基幹放送として位置付けられ，今後4K，8Kの担い手としても期待される状況にまで成長したことは，周知のとおりである。

　もう一つの事例として，見逃し放送サービスの導入過程についても見ておこう。村上（2014）は，録画再生視聴データの公表と動画広告付き見逃し無料モデルのスタートを「地上波民放事業者のビジネスモデルに風穴を開ける2つの動き」として挙げており，そのうち後者について日本テレビが開始したサービスを紹介している。これはテレビ放送された番組をインターネットで一定期間無料配信するサービスで，放送時と同じ時間帯に広告を挿入し，番組本編は早送りできるが動画広告はスキップできないという，現在提供されている「Tver」の原型となるものである。

　この企画が同社内で初めて検討されたのは2009年頃で，イギリスなど諸外国では同様のサービスが既に実施され好評を博していたところもあり，若年層のテレビ離れや録画機器によるCMスキップ対策として提案者は有効な策と考えたが，社内では慎重な受け止め方が多かったようである。日本民間放送連盟・研究所（2015）によると，主として①リアルタイム視聴への悪影響に対する懸念，②挿入広告の営業スキーム，③権利処理の問題，④独自編成を行う系列局との調整，が課題となっており，それをクリアするまでには，先行するイギリス放送局からの情報収拾から始まり，局内や系列局，広告主への説得を行い5年程度の歳月を要してようやく実施にこぎつけた経緯がある。「広告主や権利者のなかには，もっと早く対応してほしかった，という声も少なくなかった。最も説得するのが大変だったのが，リアルタイム視聴を第一に考える社内だった」（村上（2014））とあるように，こうした変化への対応を内部から行うことにはかなりの抵抗が存在する。中心となる推進者がリクルートから転職して2年目

の人物であったことも，示唆的だといえる。

　なおこのようなネット配信については，本サービスを代替する効果が限定的だとの分析事例も海外において幾つか蓄積されてきている。例えば Waldfogel (2009) は，米国テレビ局が提供する番組が YouTube 等のサイトで入手可能になった場合，テレビ視聴が抑制されるのではないかとの懸念について分析している。2005～07年間の大学生のみのデータではあるが，毎週約7分の伝統的テレビ番組視聴の減少に対し6.8時間のウェブ視聴の増加が見られる，テレビ番組と放送局が管理しているウェブサイト全体の視聴時間は週に3.7時間ほどむしろ増加している，との結果を示している。また Belo et al. (2013) は，より直接的に米国の見逃し視聴サービスの実利用データから視聴行動を詳細に分析し，タイムシフト視聴サービスの導入がプライムタイム時の視聴者数をむしろ増加させることを報告している。少し視点は変わるが，海賊版や違法アップロードへの対策として有効で効率的な方法が正規版の早期リリースであった事例を，海外番組販売検討委員会編 (2012) が紹介しているが，放送局自身が提供する見逃し放送サービスには，このような効果も期待され，従来の放送にとってむしろ望ましい効果をもたらすとの指摘もある。これらを考慮すれば，2015 (平成27) 年10月26日より在京民放キー局5社が「Tver」という名称で本格導入した無料動画配信サービスは，順調に浸透していくことが期待できると考えられる[17]。

　山口 (2015) によれば，代替効果を考慮して番組のネット配信に対して慎重な姿勢を示す意見は当時他にも多く見受けられ，「番組をネットで流せば視聴者が減り，2兆円規模のテレビ広告ビジネスが脅かされる」との見解を引用している[18]。新しいビジネスモデルができ始めて間もない時期は既存のビジネスに与える影響が不透明で慎重な姿勢をとる企業が多いことが指摘されるが，このような状況下では，内部からの改革では外部環境の変化に迅速に対応できない可能性があることにも，留意しておく必要があろう。

　生稲他 (2008) は，技術進歩に伴って新しいビジネスモデルに移行する過程で，国や企業，またはコンテンツ種類によって，多様な対応が見られる状況を例示

第8章　メディア再編の動向と課題

している。例えば音楽産業では，レコードが発明され音楽の記録が可能になると，レコードを販売する会社が誕生した。その後，ラジオ放送という新しい配信手段が誕生し無料で音楽を聴取可能になると顧客を奪われ，レコード会社とは敵対関係となった。しかし今度は，レコード会社のなかからラジオ放送を宣伝として利用するビジネスモデルを採用する会社が現れ，それが広まっていった結果，現在ではラジオで無料放送を行って宣伝することが当たり前となった経緯がある。

　映像の場合も同様である。米国の事例を見ると，1920〜40年代はハリウッドを中心とする映画の黄金期であったが，1950年頃にテレビ放送が開始されると映画市場を侵食するようになったため，テレビ番組制作へ進出したり映画をテレビ番組用に販売したりする企業が登場した。その後VTRの登場により録画・再生が可能になると，初期こそ著作権侵害でメーカーを訴える動きが見られたものの，ビデオは収益に貢献すると認識されるようになり，旧作も含めたビデオ化が進められた。この効果は大きく，1980年からの20年間で，劇場収入はそれほど伸びていないものの映画産業の収入は実質2倍以上に拡大している。さらにDVDの普及が進んだ2000年頃には，海賊版普及への懸念を電機メーカーと映画会社が共同で克服することにより，映画公開後のDVD販売を自らの収益源として築き上げていった。

　こうした新技術の登場と普及の流れは一時的に止めることはできても，中長期的には変化の波に抗えず，むしろ好ましくない変化であってもそれを容認し新しいビジネスモデルを構築することで，産業が発展していった経緯がある。春日（2012）では，地上民放テレビを取り巻く環境に外部圧力が加わってきており，種々の場面で「乖離」が大きくなっている状況を指摘しているが，こうした圧力を停止させる方向で抗うことは得策ではない。外部からの合併・買収にも内部からの変革にも一長一短がある状況を認識し，録画機器やインターネットの普及等の環境変化を前提とした将来の環境下で主導権をとれるよう適応していく方向を模索すべきである。

193

第4節　メディアの規律と倫理

　以上のように，新しい技術が登場し，メディア再編によって従来の規律とは
無縁のプレーヤーが多く参入した場合，現在設けられている各種規律をどのよ
うにすべきであろうか。この問題については，表現の自由や公共性といった観
点から多くの議論が展開されているが，メディアの自律性をより尊重する方向
の主張が多いように見受けられる。

　例えば宍戸（2012）は，言論報道機関としての役割を維持・高めていく場合
に従来の放送規律を維持する正当化理由が認められることを指摘し，ただし個々
の民間放送がNHKのように各々の意見・利益を同じ等しさで扱う必要はなく，
むしろ放送の多様性を通じて基本的情報の内容が確定されていくプロセスが望
ましいとしている。その上で，番組編集準則のうち公平原則については，民間
放送に対する適用の可能性を法律上排除するか，少なくとも法的拘束力を否定
する解釈の確立が望まれると記している。2016年2月の国会で，政治的公平性
を欠く番組を繰り返し放送した場合の電波停止の可能性に言及した高市総務大
臣の答弁が論争になったが[19]，こうした懸念を排除できる点からも傾聴に値す
る提言だといえよう。

　また番組調和原則について，多賀谷（1993）は，放送の多様化により「総合
放送」の役目は終わると述べている。例えばスポーツの実況中継などは，種々
の角度からの映像を多チャンネルで流し視聴者に選択権を持たせれば編集が介
在する余地が少ない。また，ドラマなどフィクションは外注される割合が高く，
キー局は番組データベース事業者，地方局は放送ソフトの書店という位置づけ
であるため，チャンネル数が増加し媒体数が複数化することによって，個別の
部分のみからなる「非総合的」チャンネルが増える可能性を指摘している。村
上（2011）も，2010年の放送法改正時に番組調和原則に関する議論が不十分だ
った点を指摘し，多メディア化が進むなかでそうした規律がこれからも必要な
のか，必要だとすればどのような制度設計が望ましいか検討を行っていく必要
性が高いと論じている。

第8章　メディア再編の動向と課題

　産業的視点と親和性の高い経済学の立場からは，以上のような法的規制によ
らない自律性を重んじる見解に共感できる。すでに2010年に提出された放送法
改正案の段階から，基幹放送の区分に，マルチメディア放送である移動受信用
地上基幹放送や，BS放送および110度CS放送などの衛星基幹放送が含められ
ており，地上波以外の放送の重要性も制度的に担保されている。従って地上波
に加えてこれら全体のなかで内容やジャンルの多様性が確保されていれば十分
であり，地上波のみのジャンルの増減を検討することにさほどの意味は見受け
られない。また，放送法上の現行規定を肯定的に捉え放送局に行動自粛を求め
るような研究者は，筆者の知る限り真摯な経済分析を志向する識者のなかには
存在しない。

　ただし，メディアの影響力に対して何の措置も講じる必要がないと主張する
訳ではない。特に近年，メディアが人びとの行動に与える影響の大きさを実証
的に捉えようとする研究に脚光が当てられてきており，そうした観点からメデ
ィア規律の必要性についても提唱されている。以下では，その一部を見ておこ
う[20]。

　DellaVigna and Kaplan（2007）は，保守系放送局と言われるFOXニュース
が地域ケーブル市場に参入してきた時期（1996～2000年頃）に焦点を当て，同
局を視聴可能な地域か否かと保守系の共和党が得票に占めるシェアとの関係を
分析している。その結果，この時期の大統領選において保守系の共和党の得票
シェアを0.4～0.7ポイント上昇させたこと，上院議員選挙の投票率や共和党の
得票シェアにも影響を与えていることを指摘している。

　また同様に，Enikolopov et al.（2011）は，ロシアにおける1999年の議会選
挙結果を当該地区の選挙民が利用可能な放送局との関係で分析している。当時
ロシアにはORT，RTR，NTVという3つの全国ネット放送局があったが，
このうちNTVは独立の商業放送局で，オーナーのグシンスキー（Vladimir
Gusinsky）はプーチンの政敵であり，NTVはクレムリンを公に批判していた。
また人口の75％程度がNTVを視聴することができ，利用可能な人々には偏り
が見られた。このような状況を踏まえた上で，彼らは，政府与党の得票を約

195

8.9％低下させた一方，反与党の主要政党への投票を約6.3％上昇させたこと，投票率を約3.8％低下させたこと，等を報告している。

　さらに，リアリティ番組の影響が大きいことも報告されている[21]。Kearney and Levine（2015）は，アメリカのMTVで放送された"16 and Pregnant（16歳と妊娠）"という番組について，視聴率と放送前後の10代出産率の変化との関係を地域別に検証した。番組では10代の出産に批判的なキャンペーンを展開している訳ではないが，出産前後の家族や友人との人間関係の変化，睡眠障害や育児ノイローゼなど時には自身の健康にまで影響を及ぼす育児経験に関する情報が詳細に扱われており，それらが経験の少ない10代の視聴者に対して一種の教育効果を与えている可能性がある。種々の要因を制御した計量経済学的分析を行った結果，番組が放送された2009（平成21）年6月から2010（平成22）年12月までの間に4.3％程度10代の出産を抑制する効果があり，これは当時の10代の出産率減少のうち約24％を説明している，との結果を提示している。さらに放送に関するGoogleトレンドの状況やTwitterに投稿された内容を補完的に検討することで，同番組が避妊や中絶への関心の高まりにつながったことを示している。彼女達自身も認めているとおり，制御変数の種類や個票データが得られないことに由来する限界があるため断定的な結論を導くことは早計ではあるが，過去インターネットの登場に際し情報伝達力の迅速化に注目が集まった事例と同様，メディアの情報伝達力について改めて注目が集まっている状況は，制度設計を考える上でも重要だといえよう。

　このように人びとの行動に対して大きな影響力がある一方で，メディアも一つの事業主体である以上，スポンサーである広告主を無視できない面がある。現在でも新聞や放送等の伝統的メディアでは，自主的に定めた種々の倫理基準によって規律付けをおこなっているが[22]，過去には利益相反する広告主との関係がメディア報道に影響を与えた可能性も指摘されている。

　Besanko et al.（2001）は，1980年代前後のアメリカの新聞業界において，編集機能がマーケティング等の営業機能から独立している状況が「教会と国家の分離」と呼ばれるほど厳格な規律だったことを記している。しかしその後の新

聞業界を取り巻く事業環境の変化と所有権の集中等により，ガーネット社（Gannett Company, Inc.）やナイト・リッダー社（Knight Ridder Inc.）といったグループが新聞社を所有する比率が3％から65％にまで高まったこと，そのようなグループは広範囲なメディア事業に進出し，組織内部で営業面へ権限のシフトが見られるようになった状況も同時に紹介している。そのような事例の一つとして，Kreig（1987）は，ハードフォード・クーラント（The Hartford Courant）という地方紙をタイムズ・ミラー（Times Mirror Company）・グループが1979年に買収した後の調査報道において，入念な準備にもかかわらず新しく任命された編集長によって掲載が先送りされ，最終的に労働環境の悪化とその対応を糾弾する社会派の告発記事ではなく，内容を大幅に変更されて掲載された事例を紹介している。当初予定していた内容と同種の記事が他から出版されたその後の状況を考慮すると，当時地方紙収入の約4分の3を依存していた広告主である保険会社に対する配慮があったのではないかというのが，彼の主張である。

　このように，厳格な規律が必要であるにもかかわらず両者の関係が曖昧になり本来の目的が達成されていない状況は，規制を行う政府と被規制企業との関係で典型的に多く観察されており，Regulatory Capture（規制の虜）という名称で呼ばれている。このような類推から，メディアの場合も Media Capture（囚われたメディア）という状況が懸念され，実データを用いた検証が行われてきている。

　まず，メディアを政府が所有したり利益集団と共謀したりすることでバイアスがかかることの危険性は，Corneo（2006）など多くの理論モデルで指摘されている。実証研究でも，Leeson（2008）は，メディア企業やインフラの政府所有比率が大きい国60ヵ国を対象にメディアの自由度と市民の政治的知識との関係を調査し，メディア規制のない国ほど市民がより政治的知識を有し政治に関心が高くなるとの結果を報告している。また Houston et al.（2011）のように，59ヵ国5,000以上の企業データを用いて，メディアの政府所有が銀行貸出の不正と高い相関を持つことを研究した報告もある。ただし途上国を多く含んだ分

析であるため，メディアが成熟しており政府所有の少ない先進国に当てはまるか否かは不明な部分もある。

　しかしアメリカの新聞の事例で見たように，Media Capture は民間のスポンサーとの関係でも発生しうる。これは先進国においても十分想定しうる状況である。例えば Reuter and Zitzewitz（2006）は，アメリカの投資信託会社が提供するファンドを，新聞や雑誌が推奨欄で評価する傾向とその効果について検討している。1997～2002年間のデータについて分析した結果，推奨欄で積極的な評価を行ったファンドには，その予測が当たらない場合でも有意にファンド資金が増加する傾向があること，3つの雑誌については，推奨欄で積極的な評価を行ったファンドと当該企業が過去に出稿した広告額との間に正の相関が見られたこと，一方，企業の広告出稿額が自社の全収入と比べて相対的に低い2つの全国誌（*Wall Street Journal* と *New York Times*）では，そのような相関は見られないことを報告し，雑誌において Media Capture が発生している可能性を指摘している。一方，ワインの推奨を行う2つの雑誌をとりあげた Reuter（2009）では，一部の評価でしか広告収入との相関を観察できず，評価を行う専門家の独立性が担保されていると結論づけている。

　また Di Tella and Franceschelli（2011）は，1998～2007年におけるアルゼンチンの主要新聞4紙に掲載された政府広告と，一面で報道された政府汚職記事数との関係を調べ，異なる幾つかの指標において負の相関関係，即ち政府広告が多いほど記事数が少なくなる関係が見られることを指摘している。この現象は，政府広告により収入を得た各新聞社において汚職追及の姿勢に抑制効果が働いていると捉えることも可能なため，政府権力の濫用を監視すべき新聞社のあり方に対して警鐘を鳴らしている。

　イタリアは，かつて中道右派連合の指導者ベルルスコーニ（Silvio Berlusconi）が長期間断続的に政権の座についており，しかも Mediaset という全国ネットワークの民間放送局を所有していたことから[23]，Media Capture を分析する上で格好の材料を提供している。Durante and Knight（2012）は，政権交代時期と公共放送の担当ディレクターの政治的立場および交替時期，特定政党の

政治家が当該チャンネルで話す時間との関係をデータから検証し，３つある公共放送チャンネルのうちの一つが，政権与党の影響を強く受けていることを発見した。ただし興味深いのは，そのような偏向（slant）に対する視聴者のバランス感覚に対する指摘である。そのような公共放送の右傾化に対し，右寄りの政治的立場をとる視聴者は，右傾化したとはいえ民放に比べれば左寄りの内容を放送する公共放送の視聴を増やして民間放送の視聴割合を減らし，一方左寄りの政治的立場をとる視聴者は，公共放送のなかでもより左寄りの内容を放送するチャンネルの視聴を増やすことで，メディアの影響を相殺する行動をとったことを指摘している。また DellaVigna et al.（2016）では，メディアそのものではなく，政府規制の対象となる企業がレント・シーキング的活動を行った可能性が検討されている。彼らは1993〜2009年間，ベルルスコーニが３度政権を維持していた時期の広告動向について検討し，特に規制部門の企業がベルルスコーニ在職中に彼の所有する Mediaset に対して広告費支出を増加させるバイアスが見られるとの結果を示している。その額は実に10億ユーロにものぼっており，このような支出が一種の政治献金として機能している可能性を指摘している。しかしこのような状況は，EU によって義務づけられた2008〜12年のデジタル TV への移行時期に，無料放送チャンネル数が10倍程度増加したことで終わりを告げることとなる。この期間に従来のチャンネルが86％から66％までシェアを落とす一方，新規チャンネルが３％から24％までシェアを伸ばしており，その結果 Barone et al.（2015）は，この切り替えによって5.5〜7.5ポイントほどベルルスコーニが率いる政党の投票シェアが低下したこと，デジタル TV 利用者の少なくとも20％が導入後に投票行動を変えたこと，この効果は高齢者や低学歴の有権者が多い街で強かったこと，等を報告している。

　以上の研究は特殊な環境下で想定されるものも多く，また結果についてもすべて合意が得られている訳ではない。しかし日本でも，東京電力や東芝など大企業の場合に放送局の報道内容についてこうした懸念が実際に話題になっており，必ずしも無縁であるとは言い切れない[24]。そのような意味でも，今後メディア再編が活発化し，従来のメディア規律から無縁の企業参入が相次いだ場合，

スポンサーへの配慮から報道内容が歪められたり国民の知る権利が侵害されたりする可能性を防ぐための規律をいかに担保するかという視点は重要だと考えられる。その際イタリアの事例のように，視聴者自身によるバランス感覚や多メディア化がメディアの直接的な影響を緩和する可能性があるという指摘は，メディアの自主的な規律化を支持するものだと考えられる。

多賀谷（1993）は，メディア報道の客観性を保障するために，民放についてはスポンサーのニュース番組の内容への影響を極力排除する公的規制の枠組みをつくるべきとの提案を行っているが，法的拘束ではなく，第三者機関による規律付けを行う方向性は，自主的な倫理規定とともに検討を行っていく余地があろう。

第5節　結びにかえて

本稿では，「放送の将来像を展望できる研究」というテーマの下，中長期的な観点から，経済学・経営学における海外の新聞・放送の事例研究や実証分析を概観しつつ，最近のメディア再編の動向と課題について考察してきた。外部からの合併・買収か内部からの改革かという手法の相違に一長一短はあるが，大きな変化の潮流を止めることは得策ではなく，変化を前提とした適応を行っていくことが，現在のメディアに望まれる姿である。またメディアの自主性を尊重しつつ，その影響力の大きさに鑑みて法的拘束によらない自主的な規律付けをどのように担保するかは，非常に大きな課題だと考えられる。

最後に，より近い将来必要だと予想される制度設計に関して，2つの論点を提示しておきたい。

マスメディア集中排除原則の規制緩和や放送局の県域統合等の規制緩和を伴う，新しい改正放送法が既に2015年より施行されているが，このような統合が生じた場合の効果については，多メディア化では対応しにくい地域性の観点から特に検証が必要だと考えられる。その際，米国で蓄積されている George and Oberholzer-Gee（2011）や Rennhoff and Wilbur（2012）などの事例を参考に，数量的な検討を行うことが望ましい。また Van der Burg and Van den

Bulck（2015）は，ベルギーやオランダの競争当局がメディア合併の評価を行う際に社会文化的基準を併用している事例を紹介しているが，欧州ではドイツなどで長年運用されている実績もあるため，このような観点を取り入れてメディア監督当局と競争当局が連携を行うことも大切だと考えられる[25]。

また地上民放局の Tver や Netflix 等のサービスが本格化したことでインターネットによる配信サービスが定着し，今まであまり進展してこなかった視聴者から対価を獲得する有料サービスが拡大し，広告収入とともに収益源の主要な部分を占めるようになる可能性もある。このような二面市場においては，Economides and Tåg（2012）や鳥居（2014）のように，競争が機能する場合でも，自由放任ではなく，ネットワーク中立性等の追加的義務を課す政策が社会的余剰を増大させるケースも存在することが指摘されている。このような新しい制度的枠組みについても検討していく必要があろう。

●注●

1） 従来のインフラに頼らないインターネットによるコンテンツ配信を指す。代表的事業者として Netflix や Google Play 等が挙げられ，オリジナルのコンテンツ制作にも注力している。

2） Elsevier 社の *Information Economics and Policy* では Choi and Klein ed.(2015)「巨大メディア：デジタル市場の経済学と規制」が，*Telematics and Informatics* では Evens and Donders ed.（2016）「テレビ番組の流通：経済学的側面，新しい政策」が相次いで刊行されている。

3） 2006年5月に刊行された。当時の総務大臣の名前をとって「竹中懇談会」と呼称されることもある。

4） 岡田晃（2015）「日本企業の海外 M&A，買収額が初の10兆円超え」『会社四季報 ONLINE』
http://shikiho.jp/tk/news/print/0/93392（2016年1月18日最終確認）

5）「米メディア，過熱する規模拡大競争」Sankei Biz, 2014年7月19日
http://www.sankeibiz.jp/macro/news/140719/mcb1407190500008-n1.htm（2016年1月18日最終確認）
ABC テレビを保有するウォルト・ディズニーによる他社映画事業買収や，グーグル，ヤフーなどのインターネット企業による CNN 買収といった観測についても報じている。

6）　"Dish, T-Mobile US Talk Merger, Wireless Spectrum a Key Factor（New York Times, 2015.6.4）"
http://www.nytimes.com/reuters/2015/06/04/business/04reuters-dish-network-m-a-t-mobile-us.html（2015年9月1日最終確認）
この交渉は最終的に不調に終わったため，表8-1からは除外している。

7）　Fox チャンネルが，1980年代後半から米国第4番目のキー局として放送市場に参入する状況については，Greenwald and Kahn（2005）に詳しい。彼らは，FOX は4番目のネットワークとして定着に成功したものの，事業環境の変化もあって統合化によるシナジーが思うように発揮できなかったとの評価を下している。

8）　同書では，(i)(a)のように合併・買収が経営者の非合理的判断によって行われる事例の一つとして1999年のバイアコムによる CBS 買収を挙げており，次の組織トップになるための確執を描いている。また Hayward et al.（2010）は，ビジネス系の新聞・雑誌等で好意的な記事を書かれることが多い経営者ほど買収に対して高いプレミアムを支払う傾向があることを報告している。

9）　「10年目の独白『世紀の合併』はなぜ失敗したのか」日本経済新聞電子版（2010年4月1日）
http://www.nikkei.com/article/DGXBZO04701350W0A320C1000000/（2016年1月19日最終確認）。当時の IT バブルの崩壊と景気後退による広告市場の冷え込みも合併後の企業には向かい風となった。

10）　取引が一回限りではなく無限に繰り返される時均衡が達成される（フォーク定理）が，その数は複数で，必ずしも協力的となる解ばかりではない。

11）　同論文については，井上（2014）第3章に論文内容の紹介と解説がある。

12）　この状況は，クリステンセン（2001）が提示する「イノベーションのジレンマ」を想起させる。成功している企業にとって，新興の事業や技術は小さく魅力なく映るだけでなく，既存の事業をカニバリズム（共食い）によって縮小させる可能性がある。また現時点で優れた特色を持つ既存商品を持つがゆえに，その特色を改良することの方により重点が置かれる傾向があるため，有力企業ほど新しい技術への対応がうまくいかない，とする仮説をいう。なお企業文化については，米国の最近の戦略論のテキストでは1章を割いて説明しているものも多い。

13）　コロンビア・ピクチャーズについては90年代以降復調し，近年ではシリーズ物を中心にアメリカ市場で上位のシェアを占めている。

14）　BS デジタル放送に関する記述は，本文中で示した参考文献の他に，城所賢一郎氏（元 TBS 常務，現社長室顧問）へのヒアリングや民放連会議での議論を参考にしている。紹介の労をとって頂いた民放連事務局の方々も含めご協力頂いた方々に，記して感謝致します。もちろん，残存するかもしれない誤りはすべて筆者の責に帰するものである。

15) 前川（2015）は，NHK が衛星放送において難視聴解消だけでなく自主編成チャンネル構想を明らかにしたことで，NHK 肥大化に対する脅威が大きく，また衛星放送の普及により地方局の役割が縮小するという「炭焼き小屋論」も無視できない状況であった，と当時の状況を振り返っている。

16) 地上放送事業者の出資比率が，従来の同一放送対象地域は10分の1以内，それ以外は5分の1以内という規制から，3分の1未満へと緩和された。しかしNHK が単一事業体として地上2波，アナログ衛星3波，デジタル衛星3波を運用する状況と比較して，影響力と経営効率の面で著しく公平を欠くとの指摘もあった（日本民間放送連盟編（2001b））。

17) Tver 視聴用のスマートフォン・タブレット向けアプリケーションの DL 数は，サービス開始から約3週間で計100万に達した（『朝日新聞』2015年11月19日）。当初想定の2016（平成28）年3月時点で50万 DL に比べると，浸透の勢いが著しいことがわかる。

18) 例えば佐々木俊尚（2007）「BBC がネット配信開始，NHK も積極的　重要性高まる　番組検索技術は一長一短」『日経ネットマーケティング』，読売新聞（2008）「投稿サイト　ヒット生む」『ネットデジタル』を例示している。

19) 本来この規定は放送の自律を守るための倫理規範と解されているが，答弁では放送事業者が政治的公平性を欠く放送を繰り返し，行政指導でも改善されないと判断した場合，電波法76条に基づいて電波停止を命じる可能性に言及した（毎日新聞電子版，2016年2月9日）。ただし菅内閣時の平岡総務副大臣（2010年）や増田寛也総務大臣（2007年）も，停止命令適用の可能性について触れている。なお米国では，テレビ・ラジオの放送において反対意見を持つ者に対して公平な発言時間を与えるというルール（Fairness Doctrine）は，1987年に破棄されている。

20) なおメディア報道が株式市場へ与える影響の種類や大きさ等については，春日他（2014）を参照されたい。

21) リアリティ番組とは，現実に起こっている予測不可能で困難な状況に直面するありさまを，ドキュメンタリーやドラマのように楽しめると謳ったテレビ番組のジャンルで，視聴者参加型双方向番組をいう。一時期高い支持を得ていたが，近年ではその人気が凋落傾向にあるという指摘もある。「リアリティ TV 番組が明かしたがらない10の事実（*The Wall Street Journal* 日本版，2014年8月19日）」http://jp.wsj.com/articles/SB10001424052970204162404580101044064107552（2016年2月11日最終確認）

22) 代表的なものとして新聞協会が定める新聞倫理綱領，新聞販売綱領，新聞広告倫理綱領および新聞広告掲載基準，日本民間放送連盟と日本放送協会（NHK）が共同で作成した放送倫理基本綱領，民放連による放送基準，報道指針等が挙げられる。

23) Italia 1, Canale 5, Rete 4 の３チャンネルを有する。彼は事業家として地方放送局を買収することでこの体制を築いたが，イタリア共和国憲法では全国放送権は国営放送（Radiotelevisione Italiana：RAI には RaiUno, RaiDue, RaiTre の３チャンネルがある）のみが保持するとしており，明確な違反行為だとされている。

24) 例えば，電力会社の巨額な広告宣伝費が「武器」となってマスコミが圧力を受けた，という報道（東京新聞「東電の広告　宣伝約90億円の波紋」2011年（平成23）５月17日）や，「東芝の事件でメディアが『粉飾決算』とは決して報道しない理由」（URL: http://d.hatena.ne.jp/kibashiri/20150729/1438139045, 2016年２月８日最終確認）がある。

25) この点については春日（2011）を参照のこと。

●引用・参考文献●

生稲史彦・新宅純二郎・半澤誠司・和田剛明（2008）「フリーコピー化がコンテンツ産業成長の原動力」新宅純二郎・柳川範之編『フリーコピーの経済学』第２章，日本経済新聞出版社，pp. 47-82

井上達彦（2014）「新聞社の意思決定に生じた『ねじれ現象』」『ブラックスワンの経営学』第３章，日経 BP 社，pp. 89-125

小田桐誠・小池正春（2001）「特集　BS デジタル放送発進！」『放送文化』79，pp. 6-15

海外番組販売検討委員会編（2012）「海賊版の現状と対策」『テレビ番組の海外販売ガイドブック―現状，ノウハウ，新しい展開』1-10，映像産業振興機構，pp. 40-45

春日教測（2011）「放送市場の多面性と規制に関する考察：ドイツ規制制度からの示唆」『情報通信学会誌』29(1)，pp. 43-55

春日教測（2012）「放送産業における市場と規制」日本民間放送連盟・研究所編『ネット・モバイル時代の放送―その可能性と将来像―』第４章，学文社，pp. 85-108

春日教測・阿萬弘行・森保洋（2014）「メディア情報と利用者行動」日本民間放送連盟・研究所編『スマート化する放送―ICT の革新と放送の変容―』第６章，三省堂，pp. 130-151

木村幹夫（2011）「普及拡大期を経て安定成長へ―BS 社の業績推移と将来（特集　展望・Bs デジタル新時代)」『月刊民放』41(1)，pp. 22-25

城所賢一郎（2014）「BS デジタル黎明期余話(1)」
http://ayablog.com/?p=123（2016年２月５日最終確認）

クリステンセン，C.（2001）『イノベーションのジレンマ―技術革新が巨大企業を滅ぼすとき　増補改訂版』玉田俊平太監修，伊豆原弓訳，翔泳社

宍戸常寿（2012）「放送の規律根拠とその将来」日本民間放送連盟・研究所編『ネット・モバイル時代の放送—その可能性と将来像—』第1章，学文社，pp. 19-41

多賀谷一照（1993）「放送と通信の区別」樋口陽一・高橋和之編『現代立憲主義の展開（下）』有斐閣，pp. 513-533

電通総研編（2009）『情報メディア白書　2009』ダイヤモンド社

鳥居昭夫（2014）「ネットワークにおける市場支配力—ボトルネックの議論を主とした経済学的アプローチ—」岸井大太郎・鳥居昭夫編『情報通信の規制と競争政策：市場支配力規制の国際比較』第2章，白桃書房，pp. 11-95

西正（2001）「BSデジタル放送の行方」『テレビメディア最前線』第1章，中央経済社，pp. 1-56

日本民間放送連盟編（2001a）『民放便覧　2001/2002』日本民間放送連盟

日本民間放送連盟編（2001b）「メディア間秩序の変容とデジタル化の潮流」『民間放送50年史』第3章第1節，日本民間放送連盟，pp. 218-254

日本民間放送連盟・研究所（2015）『民放のネット・デジタル関連ビジネス研究プロジェクト』2014年度報告書

前川英樹（2015）「『捻じ曲げ族』のいた時代—テレビにおける〈戦後・後〉のはじまり」市川哲夫編『70年代と80年代　テレビが輝いていた時代』毎日新聞出版，pp. 371-379

宮島英昭（2007）「増加するM&Aをいかに読み解くか」『日本のM&A—企業統治・組織効率・企業価値へのインパクト』序章，東洋経済新報社，pp. 1-41

村上圭子（2014）「『これからのテレビ』を巡る動向を整理する（Vol. 4）：2013（平成25）年10月-2014（平成26）年7月」『放送研究と調査』64(9)，pp. 18-38

村上聖一（2011）「番組調和原則　法改正で問い直される機能：制度化の理念と運用の実態」『放送研究と調査』61(2)，pp. 2-15

山口真一（2015）「有料・無料ネット配信がパッケージ製品販売に与える影響：深夜アニメ市場の実証分析」『情報通信学会誌』33(1)，pp. 15-27

BS日テレ編（2001）『メディアの誕生　BS日テレの731日』DBC番組情報データベースセンター

NHK放送文化研究所（2001）「シンポジウム　デジタル放送が築く新世紀」『放送研究と調査』51(1)，pp. 2-55

Barone, G., F. D'Acunto and G. (2015) "Telecracy: Testing for Channels of Persuasion," *American Economic Journal: Economic Policy*, 7(2), pp. 30-60.

Belo, R., M. Matos and P. Ferreira (2013) "Prime-Time Any Time: The Effect of Time-shifted TV on Media Consumption," *Paper presented at The 41st Research Conference on Communication, Information and Internet Policy*, September 28.

Besanko, D., M. Shanley and D. Dranove (2001) "Power and Culture," *Economics of Strategy*, ch. 17, 2nd edition, John Wiley & Sons Inc., pp. 577-608.（奥村昭博・大林厚臣訳（2002）『戦略の経済学』ダイヤモンド社）

Choi, J. and T. Klein ed.（2015）"Big Media: Economics and Regulation of Digital Markets," *Information Economics and Policy*, 32, pp. 1-94.

Corneo, G.（2006）"Media Capture in a Democracy: The Role of Wealth Concentration," *Journal of Public Economics*, 90(1-2), pp. 37-58.

DellaVigna, S., R. Durante, B. Knight and E. Ferrara（2016）"Market-Based Lobbying: Evidence from Advertising Spending in Italy," *American Economic Journal: Applied Economics*, 8(1), pp. 224-256.

DellaVigna, S. and E. Kaplan（2007）"The Fox News Effect: Media Bias and Voting," *Quarterly Journal of Economics*, 122(3), pp. 1187-1234.

Di Tella, R. and I. Franceschelli（2011）"Government Advertising and Media Coverage of Corruption Scandals," *American Economic Journal: Applied Economics*, 3(4), pp. 119-151.

Durante, R. and B. Knight（2012）"Partisan Control, Media Bias, and Viewer Responses: Evidence from Berlusconi's Italy," *Journal of the European Economic Association*, 10(3), pp. 451-481.

Economides, N. and J. Tåg（2012）"Network Neutrality on the Internet: A Two-sided Market Analysis," *Information Economics and Policy*, 24(2), pp. 91-104.

Enikolopov, R., M. Petrova and E. Zhuravskaya（2011）"Media and Political Persuasion: Evidence from Russia," *American Economic Review*, 101(7), pp. 3253-3285.

Evens, T. and K. Donders ed.（2016）"Special Issue on Television Distribution: Economic Dimensions, Emerging Policies," *Telematics and Informatics*, 33(2), pp. 661-731.

George, L. and F. Oberholzer-Gee（2011）Diversity in Local Television News, Federal Communications Commission.（https://apps.fcc.gov/edocs_public/attach-match/DOC-308602A1.pdf, 2016年2月14日最終確認）

Gilbert, C.（2005）"Unbundling The Structure of Inertia: Resource versus Routine Rigidity," *Academy of Management Journal*, 48(5), pp. 741-763.

Greenwald, B. and J. Kahn（2005）"Into the Henhouse: Fox Becomes a Network," *Competition Demystified: A Radically Simplified Approach to Business Strategy*, Ch. 10, Portfolio, pp. 200-219.

Hayward, M., W. Forster, S. Sarasvathy and B. Fredrickson（2010）"Beyond Hubris: How Highly Confident Entrepreneurs Rebound to Venture Again," *Journal of Business Venturing*, 25(6), pp. 569-578.

Houston, J., C. Lin and Y. Ma（2011）"Media Ownership, Concentration and Corruption in Bank Lending," *Journal of Financial Economics*, 100(2), pp. 326-350.

Kearney, M. and P. Levine (2015) "Media Influences on Social Outcomes: The Impact of MTV's 16 and Pregnant on Teen Childbearing," *American Economic Review*, 105(12), pp. 3597-3632.

Kreig, A. (1987) *Spiked: How Chain Management Corrupted America's Oldest Newspaper*, Peregrine Press.

Kreps, D. (1990) "Corporate Culture and Economic Theory," in Alt, J. and K. Shepsle ed., *Perspectives on Positive Political Economy*, Ch.4, Cambridge University Press, pp. 90-143.

Leeson, P. (2008) "Media Freedom, Political Knowledge, and Participation," *Journal of Economic Perspectives*, 22(2), pp. 155-169.

Rennhoff, A. and K. Wilbur (2012) "Local Media Ownership and Media Quality," *Information Economics and Policy*, 24(3-4), pp. 231-242.

Reuter, J. (2009) "Does Advertising Bias Product Reviews? An Analysis of Wine Ratings," *Journal of Wine Economics*, 4(2), pp. 125-151.

Reuter, J. and E. Zitzewitz (2006) "Do Ads Influence Editors? Advertising and Bias in the Financial Media," *Quarterly Journal of Economics*, 121(1), pp. 197-227.

Van der Burg, M. and H. Van den Bulck (2015) "Economic, Political and Socio-Cultural Welfare in Media Merger Control: An Analysis of the Belgian and Dutch Competition Authorities' Reviews of Media Mergers," *Information Economics and Policy*, 32, pp. 2-15.

Vermeulen, F. (2010) "The Urge to Conquer," *Business Exposed: The naked truth about what really goes on in the world of business*, ch. 3, Financial Times/Prentice Hall.（本木隆一郎・山形佳史訳 (2013)『ヤバい経営学―世界のビジネスで行われている不都合な真実』東洋経済新報社）

Waldfogel, J. (2009) "Lost on the Web: Does Web Distribution Stimulate or Depress Television Viewing?" *Information Economics and Policy*, 21(2), pp. 158-168.

※本研究の一部は，（公財）放送文化基金および科学研究費補助金（基盤研究（C），課題番号16K03687）からの援助を受けている。記して感謝の意を表します。

2015年度　民放連研究所客員研究員会の構成

● 客員研究員（50音順）（敬称略）

内山　　隆（青山学院大学総合文化政策学部教授）

奥村　信幸（武蔵大学社会学部教授）

音　　好宏（上智大学文学部教授）

春日　教測（甲南大学経済学部教授）

宍戸　常寿（東京大学大学院法学政治学研究科教授）

中村伊知哉（慶應義塾大学大学院メディアデザイン研究科教授）

林　　秀弥（名古屋大学大学院法学研究科教授）

○　三友　仁志（早稲田大学大学院アジア太平洋研究科教授）

渡邊　久哲（上智大学文学部教授）

● オブザーバー（敬称略）

前川　英樹（東京放送ホールディングス社長室顧問）

● 事務局

民放連研究所

○は，客員研究員会の座長

肩書きは，2016年3月31日現在

ソーシャル化と放送メディア

2016 年 5 月 30 日　第一版第一刷発行

編　者　日本民間放送連盟・研究所

発行者　田 中 千 津 子

発行所　株式会社 学 文 社

〒 153-0064　東京都目黒区下目黒 3-6-1
電話（03）3715-1501（代表）　振替　00130-9-98842
http://www.gakubunsha.com

乱丁・落丁は，本社にてお取替え致します．　　　印刷所　新灯印刷
定価は，カバー，売上カードに表示してあります．　　〈検印省略〉

ISBN978-4-7620-2645-4